Una vida más allá de lo ordinario

Una vida más allá de lo ordinario

Jack W. Hayford

Editor general

GRUPO NELSON

Una división de Thomas Nelson Publishers

Desde 1798

NASHVILLE   DALLAS   MÉXICO DF.   RÍO DE JANEIRO

CONTENIDO

Una vida más allá de lo ordinario: El secreto de una vida abundante (Estudio de Juan) forma parte de una serie de guías de estudio que se caracterizan por cubrir de manera atractiva y esclarecedora un libro de la Biblia y temas del poder, enfocados a provocar la dinámica, la vida llena del Espíritu Santo.

Acerca del Editor General

JACK W. HAYFORD, destacado pastor, maestro, escritor y compositor, es el Editor General de toda la serie, trabajando junto a la editorial en la planificación y desarrollo de cada uno de los libros.

El Dr. Hayford es pastor principal de *The Church On The Way*, la Primera Iglesia Cuadrangular de Van Nuys, California. Él y su esposa, Ana, tienen cuatro hijos casados, activos en el ministerio pastoral o en una vital vida de iglesia. Como Editor General de la *Biblia Plenitud*, el pastor Hayford dirigió un proyecto de cuatro años, que ha dado como resultado la disponibilidad de una de las Biblias más prácticas y populares en la actualidad. Es autor de más de veinte libros, entre ellos: *Anhelo de plenitud, La belleza del lenguaje espiritual, La clave de toda bendición, La oración invade lo imposible*. Sus composiciones musicales abarcan más de cuatrocientas canciones, entre las que se incluye el muy difundido himno «Majestad».

Acerca del autor

WILLIAM D. WATKINS está plenamente comprometido con el ministerio cristiano desde 1975, como maestro, escritor y orador. Vinculado anteriormente con *Insight for Living* y con la editorial Thomas Nelson Publishers, actualmente es Director Principal de Adquisiciones de la Editorial Moody y presidente de su propia compañía editorial, William Pens. Ha sido coautor de *Worlds Apart: A Handbook on World Views*, publicado por Baker Book House; en *Insight for Living* fue coautor, con Chuck Swindoll, de veintiún guías de estudio.

Watkins es graduado en Filosofía de la Universidad Estatal de California, en Fresno, y tiene una maestría en Teología Sistemática del Seminario Teológico de Dallas. Él y su esposa, Pamela, tienen cinco hijos, entre 11 y 19 años de edad. Residen en Smyrna, Tennessee, EE.UU.

Acerca de este colaborador el Editor General ha expresado: «Bill Watkins muestra tal objetividad cuando abre las Escrituras, que resulta muy gratificante contar con su cooperación en este proyecto. Su larga experiencia con la Palabra, junto a su evidente amor por la Palabra, resulta de beneficio para todos nosotros».

EL REGALO QUE SE DA CONTINUAMENTE

¿A quién no le gusta recibir regalos? Tanto si vienen envueltos en papeles de colores y preciosas cintas, como en bolsas de papel de estraza atados con un gastado cordón de zapatos. A niños y adultos de todas las edades les encanta recibir y abrir regalos.

Pero aun ese momento de sorpresa y placer puede verse empañado por el miedo y el temor. Es suficiente que aparezcan las siguientes palabras: «Para armar. Se incluyen las instrucciones». ¡Cómo odiamos esas palabras! Se mofan de nosotros, nos fastidian, nos incitan a que intentemos desafiarlas, sabiendo que en todo momento llevan la voz cantante. Si no entendemos las instrucciones, o si las pasamos por alto y tratamos de armar el obsequio por nuestra cuenta, lo más probable es que sólo nos llenemos de frustración y enojo. Lo que comenzamos sintiendo en cuanto a nuestro extraordinario regalo, alegría, expectativa y asombro, se desvanecerá. Nunca recuperaremos esa sensación, al menos no en el estado prístino que tenía antes de que advirtiéramos que *nosotros* teníamos que realizar el montaje de nuestro regalo siguiendo instrucciones que *ningún consumidor* es capaz de entender jamás.

Uno de los regalos más hermosos que Dios nos ha dado es Su Palabra, la Biblia. Este es un obsequio sumamente preciado, envuelto en la gloria y el sacrificio de su Hijo, y entregado en nuestras manos por el poder y el ministerio de su Espíritu; la familia de Dios la ha preservado y protegido durante siglos como herencia familiar. Promete ser el don que sigue dándose, porque el Dador que se revela en ella es inagotable en su amor y en su gracia.

Lo trágico es, sin embargo, que cada vez son menos las personas, aun entre aquellos que se cuentan en la familia imperecedera de Dios, que siguen abriendo este obsequio y procurando entender de qué se trata y cómo debe ser usado. A menudo se sienten intimidados por él. Hay que unir las partes, y a veces las instrucciones son difíciles de comprender. Después de todo, ¿cómo se entrelazan las partes de la Biblia? ¿Qué tiene que ver el Génesis con el Apocalipsis? ¿Quiénes son Abraham y Moisés, y qué relación tienen con Jesús y con Pablo? ¿Qué de las obras de la Ley y las obras de la fe? ¿De qué se trata todo esto y, si es que se puede, cómo se ensamblan entre sí?

Además, ¿qué tiene que decirnos este libro de la antigüedad a quienes ya estamos a las puertas del siglo veintiuno? ¿Será de alguna utilidad que usted y yo nos tomemos el tiempo necesario y dediquemos las energías que se requieren para entender las instrucciones y armar el conjunto? ¿Nos ayudará de alguna manera a entender quiénes somos, qué nos depara el futuro, cómo podemos vivir mejor aquí y ahora? ¿Nos ayudará realmente en nuestras relaciones personales, en el matrimonio y la familia, en el trabajo? ¿Acaso podrá ofrecernos algo más que meros consejos acerca de cómo encarar las crisis? ¿Cómo afrontar la muerte de un ser querido, la bancarrota que provoca la pérdida de trabajo? ¿Cómo enfrentar una enfermedad catastrófica, la traición de un amigo, la deshonra de nuestros valores, los abusos que sufre nuestro corazón y nuestra alma? ¿Podrá aquietar nuestros temores, calmar nuestra ansiedad y curar nuestras heridas? ¿Podrá realmente ponernos en contacto con el mismo poder que dio origen al universo, que dividió las aguas del Mar Rojo, que levantó a Jesús de la rigidez de la tumba? ¿Podemos realmente encontrar en sus páginas amor incondicional, perdón total y sanidad genuina?

Por cierto que sí. Sin sombra de duda.

La serie *Guías para explorar la Biblia* está preparada para ayudar al lector a desempacar, armar y disfrutar todo lo que Dios tiene para darle a través de las páginas de las Escrituras. Le hará centrar su tiempo y energía en los libros de la Biblia, en las personas y los lugares que describen, y en los temas y las aplicaciones a la vida que fluyen a raudales de sus páginas, como la miel que mana del panal.

Para que usted pueda aprovechar al máximo la Palabra de Dios, esta serie incluye un conjunto de útiles características. Cada guía de estudio consta de no más de catorce lecciones, cada una de ellas desarrollada de manera que usted pueda sumergirse en las profundidades o echarles una mirada superficial, según sus necesidades e intereses.

Las guías de estudio contienen también seis secciones principales, cada una de ellas señalada con un símbolo y un encabezamiento para facilitar su identificación.

RIQUEZA LITERARIA

La sección RIQUEZA LITERARIA contiene importantes definiciones de palabras clave.

ENTRE BASTIDORES

ENTRE BASTIDORES provee información acerca de las creencias y prácticas culturales, las disputas doctrinales, las actividades comerciales y otros aspectos semejantes, que arrojan luz sobre los pasajes bíblicos y sus enseñanzas.

DE UN VISTAZO

En la sección DE UN VISTAZO se incluyen mapas y gráficos para identificar lugares, y simplificar temas o posturas.

INFORMACIÓN ADICIONAL

Como esta serie enfoca un libro de la Biblia en particular, el lector encontrará una sección de INFORMACIÓN ADICIONAL que lo orientará hacia la consulta de enciclopedias y diccionarios bíblicos, y otros recursos que le permitirán obtener más provecho de la riqueza que ofrece la Biblia, si así lo desea.

SONDEO A PROFUNDIDAD

Otra sección, SONDEO A PROFUNDIDAD, explicará asuntos controvertidos que plantean determinadas lecciones y se citarán pasajes bíblicos y otras fuentes que le ayudarán a arribar a sus propias conclusiones.

FE VIVA

Finalmente, cada lección contiene una sección llamada FE VIVA. En ella la pregunta clave es: ¿Y ahora qué? Una vez que sé lo que dice la Biblia, ¿qué significa esto para mi vida? ¿Cómo puede influir en mis necesidades cotidianas, problemas, relaciones personales, preocupaciones y todo lo que es importante para mí? FE VIVA lo ayudará a percibir y aplicar las derivaciones prácticas de este regalo literario que Dios nos ha dado.

Como podrá observar, estas guías incluyen espacio para que usted conteste las preguntas, haga los ejercicios correspondientes al estudio y encare la aplicación de lo aprendido a la vida cristiana. Quizás desee anotar todas sus respuestas, o sólo el resultado de lo que ha recibido en forma personal mediante el estudio y su aplicación, en una libreta de notas aparte o en un diario personal. Esto será particularmente adecuado si piensa aprovechar a fondo la sección INFORMACIÓN ADICIONAL. Como los ejercicios de esta sección son opcionales y su extensión puede ser ilimitada, no hemos incluido espacio para ellos en esta guía de estudio. De manera que quizás quiera tener una libreta de notas o un diario a mano para registrar los descubrimientos que realice al abordar las riquezas de esa sección.

El método de estudio bíblico que se utiliza en esta serie gira en torno a cuatro pasos básicos: observación, interpretación, correlación y aplicación. La observación responde a la pregunta: ¿Qué dice el texto? La interpretación se ocupa de: ¿Qué significa el texto?, no lo que quiere decir para usted o para mí, sino su significado para los lectores originales. La correlación pregunta: ¿Qué luz arrojan otros pasajes de la Biblia sobre este? Y la aplicación, la meta del estudio bíblico, se plantea lo siguiente: ¿En qué aspectos debiera cambiar mi vida, como respuesta a lo que el Espíritu Santo me enseña a través de este pasaje?

Si está familiarizado con la lectura de la Biblia, sabe que puede disponer de ella en una variedad de traducciones y paráfrasis. Aunque puede usar cualquiera de ellas con provecho para trabajar con las guías de estudio de la serie *Guías para explorar la Biblia*, los versículos y palabras que se citan en las lecciones han sido tomados de la versión Reina Valera, revisión de 1960. El uso de dicha versión con esta serie hará más fácil su estudio, pero por cierto que no es indispensable.

Los únicos recursos que necesita para completar y aplicar estas guías de estudio son una mente y un corazón abiertos al Espíritu Santo, y una actitud de oración, además de una Biblia y un lápiz. Por supuesto, puede recurrir a otras fuentes tales como comentarios, diccionarios, enciclopedias, atlas y concordancias, incluso encontrará en la guía ejercicios opcionales para orientarlo en el uso de dichos recursos. Pero esos son adicionales, no indispensables. Estas guías abarcan lo suficiente como para brindarle todo lo que necesita a fin de obtener una buena comprensión básica del libro de la Biblia de que se trata, como también la orientación necesaria para aplicar los temas y consejos a su propia vida.

Cabe, sin embargo, una palabra de advertencia. El estudio de la Biblia por sí mismo no transformará su vida. No le dará poder, paz, gozo, consuelo, esperanza y toda la variedad de regalos que Dios desea que descubra y disfrute. A través del estudio de la Biblia adquirirá mayor conocimiento y comprensión del Señor, de su Reino y de su lugar en ese Reino, y todo esto es esencial. Pero usted necesita algo más. Necesita depender del Espíritu Santo para que oriente su estudio y aplique las verdades bíblicas a su vida. Jesús prometió que el Espíritu Santo nos enseñaría «todas las cosas» (Jn 14.26; cf. 1 Co 2.13). De modo que mientras use esta serie para guiarlo a través de las Escrituras, bañe sus momentos de estudio con oración, pidiendo al Espíritu de Dios que ilumine el texto, que aclare su mente, que someta su voluntad, que consuele su corazón. El Señor nunca le va a fallar.

Mi oración y mi meta es que a medida que abra este regalo de Dios a fin de explorar su Palabra para vivir como Él lo desea, el Espíritu Santo llene cada fibra de su ser con el gozo y el poder que Dios anhela dar a todos sus hijos. Así que siga leyendo. Sea diligente. Manténgase abierto y sumiso a Dios. No saldrá defraudado. ¡Él se lo promete!

Lección 1 / El discípulo amado y su Evangelio

Usted y ella son amigas. Son íntimas amigas. Ella lo sabe, y usted también. Se cuentan todo. Usted le ha contado que volar la aterroriza a tal punto que cuando baja se queda sentada en la sala del aeropuerto hasta recuperar la fuerza de sus piernas. Ella le ha contado su secreto anhelo de ser una famosa corredora automovilística. Se trata de un deseo que hace muchos años no se lo ha contado a nadie, porque las personas a las que se lo dijo antes se rieron de ella. Usted sabe quiénes se burlaron de sus planes y cuánto le dolió la actitud de ellos. Sabe también dónde ha comenzado a recibir lecciones de conducción con la intención de convertir en realidad su sueño. Ella sabe quién fue la primera persona que le dio un beso a usted, por qué ya no quiere dar un paseo sola a pie, la forma en que su padre la incomodó en presencia del primer joven con el que salió, cuándo en realidad consideró la posibilidad de rasurarle la cabeza a su esposo mientras dormía, para desquitarse por haberse burlado de su cabello. Sabe por qué le es tan difícil a ella confiar ahora en los hombres, el miedo que le tiene a las agujas, por qué se deleita disimuladamente cada vez que toma un helado de chocolate almendrado, y cuál es el verdadero significado que oculta una de sus frases favoritas. Nada hay que sea tan sagrado que no se lo puedan comunicar.

Juntas han experimentado toda clase de emociones... se han reído a carcajadas, han expresado sus sentimientos de venganza, la desilusión provocada por sueños fallidos, el dolor que producen las insinuaciones y los rumores, las frustraciones de criar hijos que al parecer no las apreciaban, y menos aún escuchaban.

Hace años que se conocen. Han viajado juntas, han pasado vacaciones juntas, han trabajado en los mismos proyectos, han ido a las mismas liquidaciones de las grandes tiendas, han visto las mismas películas cinematográficas, han leído los libros de cada una.

Si dos personas pueden llegar en realidad a conocerse la una a la otra, esas son ustedes.

Luego, su amiga muere. Las dos sabían que esto iba a suceder; no fue algo repentino. Pero ella se preparó para eso mejor que usted. Es más, cuando falleció usted sintió como si todo su cuerpo se comprimiera dentro de su corazón; luego ambos estaban aplastados con golpes brutales e inexorables.

¿Cómo puede conservarla en su memoria? ¿Qué puede hacer para que otros sepan cómo era, lo que pensaba, sentía y por qué, cuánto significaba para usted? Comienza a escribir. Trata de hacer memoria y empieza a registrar todo lo que recuerda. Quiere recordarlo todo, tal como fue. Sí, la amaba y la sigue amando. Pero anhela ofrecer un retrato que sea fiel a la realidad, y no barnizado con falsos elogios; la relación entre ustedes estaba basada en la verdad, de modo que quiere asegurarse de que su descripción también lo sea. Cuando haya terminado, se propone darle a otros sus recuerdos escritos con los que podrían beneficiarse contemplando a su amiga tan querida, su mejor amiga, tal como era.

¿Alguna vez ha tenido un amigo que haya querido así? Juan sí. Su nombre era Jesús. Nació en Belén y se crió en Nazaret. Hijo de un carpintero (algunos decían que había sido concebido ilegítimamente), Jesús se convirtió en un predicador ambulante que dio a conocer su mensaje acerca del Reino de Dios por toda la Palestina del primer siglo. Ese fue el momento en que Juan lo conoció, se unió a su pequeño grupo de seguidores y aprendió a amarlo como su mejor amigo. Jesús sentía lo mismo hacia Juan, y Juan lo sabía (como veremos más adelante).

Viajando juntos, intercambiaban relatos, se contaban secretos; aprendieron a saber lo que enfurecía y entristecía a cada uno, descubrieron lo que le gustaba comer a cada cual; se alentaban mutuamente, oraban el uno por el otro y discutían entre sí. Se conocían como ocurre con los que se consideran amigos íntimos, pero ambos sabían que a pesar de todo había dos cosas que no tenían en común. Estas dos cosas hacían que Jesús fuese absolutamente único; ningún otro ser humano las tenía, y, como que eran suyas, lo hacían superior a cualquier otro ser humano, vivo o muerto. *Él era Dios encarnado, y estaba completamente libre de pecado.* No había nada en la experiencia anterior de Juan que lo hubiera podido preparar para una relación íntima con una persona así. El encanto de todo esto era indescriptible.

Mas, por asombrado que pudiera sentirse Juan en la presencia de Jesús, también podía sentir su dolor. Jesús sabía que iba a morir, y él también. Sabía además el gran dolor que Jesús sufriría antes de morir, y eso le dolía profundamente. Juan experimentó la pérdida de su mejor amigo... incluso lo vio morir. Pero también lo vio victorioso sobre la muerte, y dedicó el resto de sus días a contar a los demás acerca de su mejor amigo, para que ellos pudieran ser Sus amigos también. De esto se trata justamente el Evangelio de Juan. Es un relato íntimo, realista y que a la vez ensancha la mente, del hombre que sacudió al mundo, el mejor amigo de Juan, el Hijo de Dios, el Hijo del Hombre.

En este capítulo queremos aprender algo más acerca de Juan, por qué escribió su Evangelio, cuándo y dónde lo escribió y quiénes pudieron haber sido sus primeros destinatarios. También queremos ver cómo presenta a Jesús en su personalidad total. En los capítulos siguientes tendremos muchas oportunidades para analizar los detalles.

Al comenzar este estudio, no olvide que este Evangelio es fruto del amor: el amor de Juan por Jesús, el amor de Jesús por usted y por mí, y el amor del Padre por su Hijo y por el mundo. En una carta de amor de esta naturaleza encontraremos muchas cosas que tendrán aplicación a nuestra vida, relaciones, nuestros valores, nuestras alegrías, nuestros dolores.

JUAN, EL AUTOR

Al leer el Evangelio de Juan, no encontrará el nombre de alguien que se identifique como autor del mismo. Así ocurre también con los otros tres Evangelios: Mateo, Marcos y Lucas. Pero hay dos evidencias que indican que Juan es el autor del cuarto Evangelio.

La primera evidencia es *interna:* lo que el texto del Evangelio revela acerca del autor. Un personaje que aparece como «uno de sus discípulos, al cual Jesús amaba» se menciona a menudo a través del Evangelio. Y si bien se nombra a la mayoría de los doce discípulos, a este no; y uno de los discípulos que no se mencionan es Juan. De modo que mediante el procedimiento de eliminación, las pruebas internas llevan a la conclusión de que el discípulo «a quien Jesús amaba» era Juan.

La segunda evidencia es *externa:* la que se ocupa de lo que la tradición de la iglesia afirma acerca de la paternidad de este Evangelio. Y esa tradición presenta de manera sistemática a Juan, uno de los hijos de Zebedeo, como el autor del cuarto Evangelio. Una de estas fuentes históricas, Ireneo, que era obispo de Lyon en la segunda mitad del segundo siglo y que estaba vinculado con Policarpo, que había conocido a Juan, le oyó testificar de que este discípulo del Señor publicó el Evangelio de Juan mientras vivía en Éfeso.

De manera que las evidencias son bastante contundentes en el sentido de que Juan, el discípulo amado del Señor, escribió el Evangelio que lleva su nombre. (A propósito, también escribió 1, 2 y 3 Juan y Apocalipsis.)

En el Nuevo Testamento en general puede obtenerse más información acerca de Juan. Busque los pasajes que se indican abajo para ver qué puede aprender sobre él.

Marcos 1.19

Mateo 4.21; Lucas 5.10

Mateo 27.56; Marcos 15.40 (cf. Jn 19.25)

Juan 1.35-42

Juan 2.2

Mateo 4.19-21

Marcos 3.17; Lucas 9.54

Mateo 17.1

Juan 13.23

Juan 19.26,27

Hechos 3.1-11

Hechos 4.5-21

Hechos 8.14-25

Gálatas 2.9

1 Juan 1.1-4

Apocalipsis 1.9

FE VIVA

De lo que ha descubierto acerca de Juan, ¿qué es lo que encuentra más significativo? ¿Encuentra rasgos que le gustaría que caracterizaran su propia persona? Escriba sus respuestas aquí, luego pídale al Señor que comience a trabajar en su vida a fin de hacer que esos rasgos impriman huellas a su vida de fe.

LOS DESTINATARIOS Y EL PROPÓSITO DEL EVANGELIO

Varios de los libros del Nuevo Testamento indican a quiénes estaban destinados originalmente. Romanos fue para los creyentes de Roma, mientras que 1 y 2 Corintios se escribieron para abordar asuntos de la iglesia de Corinto. El Evangelio de Juan no indica en la misma forma quiénes serían sus lectores. Si bien expresa con claridad una preocupación por el pueblo judío fuera de la tierra de Israel (1.41; 4.25; 7.35; 10.16; 11.52; 20.31), su tono es más universal e incluye a los cristianos gentiles y a todos los incrédulos. Juan dice que fue escrito: «[...] para que creáis que Jesús es el Cristo, el Hijo de Dios, y para que creyendo, tengáis vida en su nombre» (20.31). De modo que este es un libro para cualquiera que necesite a Jesús o que necesite profundizar su relación con Él. Imposible abarcar más.

CUÁNDO Y DÓNDE

Mientras que algunos eruditos bíblicos fechan la composición del Evangelio de Juan alrededor del año 70 d.c. o antes, la mayoría lo ubica entre el 85 y el 90 d.C., o por lo menos antes de la finalización del primer siglo.

La tradición eclesiástica, como ya lo hemos expresado, dice que este Evangelio fue escrito por Juan en la ciudad de Éfeso.

INFORMACIÓN ADICIONAL

Lea la carta a los Efesios en el Nuevo Testamento y vea qué más puede descubrir acerca de Éfeso y la iglesia allí consultando algunos diccionarios o enciclopedias bíblicos. Descubrirá con rapidez lo difícil que era ser cristiano en la pagana Éfeso.

FE VIVA

Es muy común que algunas personas se quejen de lo difícil que es ser cristiano en su comunidad. ¿Es usted una de ellas? ¿Qué ha encontrado hasta ahora en este estudio que quizás le indique que debe proceder para cambiar de actitud y perspectiva?

¿Qué le parece? ¿Está dispuesto a cambiar?

EL MENSAJE DE ESTE EVANGELIO

Si alguna vez ha leído los Evangelio Sinópticos (Mateo, Marcos y Lucas), sabe que tienen buena parte de su contenido en común, y que básicamente presentan la misma cronología de la vida y el ministerio, la muerte y la resurrección, de Jesús. El Evangelio de Juan es muy diferente. Su orden es más temático que cronológico. Y cuando presenta una cronología, aparece relacionada con el calendario religioso judío, mostrando a Jesús en muchas de las principales festividades religiosas, generando controversias sobre quién afirma ser y sobre lo que hace. Busque los versículos que se indican abajo y anote a qué celebración religiosa asiste Jesús, y lo que ocurre cuando lo hace.

2.13-25

5.1-18

6.4-15

7.2-52

10.22-39

11.55—12.43

13.1-5

18.1—19.42

FE VIVA

¿Cree que los cristianos deben quedarse a la orilla del mar y no crear olas? Jesús no pensaba así. Su ejemplo deja bien en claro que estaba dispuesto a meterse en una situación y a remover las cosas, no por amor a la controversia, sino para despertar el interés y para extender el Reino de Dios. ¿Cuándo fue la última vez que la expresión de su fe generó una santa conmoción? Si ha pasado mucho tiempo, es posible que tenga que ocuparse en reflexionar sobre sí mismo para descubrir el porqué. Siéntase libre de escribir aquí lo que piensa.

FE VIVA

Teniendo en mente esta información como telón de fondo, es hora de leer todo el Evangelio y de obtener una visión más clara del retrato que hace Juan de Jesús. Considere la posibilidad de adoptar como proyecto para esta semana la lectura de tres capítulos diarios y preparar su síntesis de lo que abarca cada día. Una media hora por día le proporcionará esta fructífera panorámica y lo ubicará en buena posición para las próximas sesiones de estudio.

¿Qué le impresionó más profundamente en esta panorámica de Juan?

¿Por qué cree que resaltan estas cosas en su caso?

Dedique un tiempo ahora mismo a presentar estas cosas ante Dios. Pídale que le muestre la importancia de estos asuntos y lo que quiere enseñarle por medio de ellos. Considere también su disposición para permitir cambios en su vida en estas áreas. Si no se siente dispuesto, de todos modos ponga al Señor al tanto de esta situación.

Lección 2/El Dios-Hombre
(1.1-18)

El cristianismo es Cristo. Muchas de las religiones del mundo creen en un Dios único. Casi todas creen que la humanidad tiene problemas y que necesita salvarse de alguna manera. Y la mayoría cree que nos espera al menos un juicio, un juicio basado en lo que hacemos durante nuestro peregrinaje en la tierra. Pero sólo el cristianismo enseña que Jesucristo es la llave que abre todas las puertas principales de nuestra vida pasada, presente y futura. Sólo el cristianismo considera a Jesús como el único mediador entre Dios y los hombres. Sólo el cristianismo ve a Jesús como la única esperanza verdadera de salvación... una salvación basada en la gracia y la misericordia por medio de la fe, no en el esfuerzo propio, ni en la educación, ni en el control de la información, ni en la modificación de la conducta, ni en la comunidad, ni en cualquier otro bien menor.

¿Por qué es así? ¿Por qué es que el cristianismo adopta una actitud tan intransigente en cuanto al papel central de Jesucristo? Porque Jesucristo es Dios encarnado. Este hombre, que nació en Belén, y María y José lo criaron en Nazaret, es además plenamente Dios. Mientras los brazos de María lo acunaban cuando era bebé, Él sustentaba la existencia del universo entero. Mientras se alimentaba del pecho de María, mandaba la valiosa lluvia por toda la tierra. Mientras aprendía al lado de José el oficio de carpintero, los ángeles lo adoraban y alababan. Este hombre que comía, se cansaba, que llegó a frustrarse, a manifestar su enojo, que sudaba, sufría, lloraba, era incomprendido y rechazado —este hombre que al mismo tiempo era la Deidad— y no necesitaba nada, mantenía el control sobre todas las cosas, era todopoderoso, omnisciente, amaba a plenitud y era perfecto en todo sentido. Él es el Dios-Hombre: Todo lo que pertenece a la humanidad, con excepción del pecado, le pertenece a Él. Completo Dios y, sin embargo, completo hombre. Sólo el cristianismo afirma esta verdad acerca de Jesús. Esto es tan central que si el cristianismo estuviera equivocado en cuanto a Jesús, sería falso. El cristianismo es Cristo. Sin Él, el cristianismo no tiene nada extraordinario que decir, nada especial para dar, ninguna esperanza que ofrecer, ningún perdón para prometer, ninguna salvación que asegurar, ningún Hijo, ni Espíritu, ni Padre, ni nada.

Juan, el autor humano del cuarto Evangelio, sabía muy bien este hecho. De modo que en el prólogo a su Evangelio, compuesto por los primeros dieciocho versículos, expone los hechos básicos acerca de Jesús: quién es, lo que es, por qué vino a la tierra y por qué deberíamos escucharlo y no darle la espalda. Los hechos que se presentan son sobrecogedores, revolucionarios, conmueven el alma. Pero más que eso, pueden generar vida, al menos para los que tienen oídos para oír y voluntad para obedecer.

Así que antes de ahondar más, dedique unos minutos a leer Juan 1.1-18 un par de veces.

SEMEJANZAS QUE DEBEMOS CONSIDERAR

La correlación es uno de los pasos que más luz da al estudiar la Biblia. Cuando se usa la correlación, se comparan pasajes en una parte de la Biblia con otros similares en otra parte. Este procedimiento termina arrojando luz sobre ambos conjuntos de pasajes, de modo que se sale con una mejor comprensión del significado de los textos.

Cuando lee Juan 1.1 («En el principio era el Verbo») quizás ha notado que comienza como Génesis 1.1: «En el principio creó Dios los cielos y la tierra». Si sigue leyendo en Juan 1, es posible que advierta también que habla de la manera en que el Verbo intervino en la creación, lo que así mismo nos recuerda el relato de la creación de Génesis 1.

Lea Génesis 1.1—2.4, luego vuelva a leer Juan 1.1-18. Observe qué semejanzas encuentra en la fraseología, en las ideas y en la estructura de estos dos pasajes.

El mensaje de Juan 1.12b enfoca la totalidad de la estructura del prólogo; es el clímax al final de un crescendo. Y cuando vemos que el prólogo es el mensaje en miniatura de todo el Evangelio, ¿qué podría decir usted acerca de la idea principal del Evangelio de Juan? ¿Concuerda su respuesta con Juan 20.31?

¿Por qué cree que Juan fue tan cuidadoso al referirse, en cuanto a contenido y estructura, a la parte inicial de Génesis? ¿Qué era lo que trataba de comunicar?

FE VIVA

Cuando recordamos que Dios inspiró la Biblia, que las palabras de los autores humanos son Sus verdaderas palabras, la sorprendente estructura literaria en la que esas palabras se encuentran insertadas nos dice muchísimo acerca del énfasis que Dios pone sobre el diseño y la belleza que Él les otorga. Dedique un tiempo para reflexionar sobre esto y registre aquí sus pensamientos. Por ejemplo: ¿Qué le dice esto acerca del resto de las obras de Dios? ¿Deberíamos aceptar o rechazar el caos, o la imprudente despreocupación por el orden en los servicios religiosos o en las reuniones administrativas? ¿Permite el uso que hace Dios de una estructura fundacional que haya espontaneidad y creatividad? Estoy seguro que usted podrá plantearse otros interrogantes y temas para explorar.

Ahora exploremos con más profundidad el prólogo de Juan.

NO HAY OTRO DIOS QUE DIOS

En Juan 1.1-3, se establecen dos verdades: (1) el Verbo es Dios; (2) el Verbo es, de algún modo, diferente a Dios. ¿Qué base dan estos versículos para respaldar la primera verdad?

¿Qué base hay para la segunda?

¿Quién es el Verbo? (cf. vv. 14,17)

¿Cómo cree que el Verbo puede ser igual a Dios y, sin embargo, diferente? Sería conveniente que consulte la sección «Riqueza literaria» antes de tratar de contestar esta pregunta.

RIQUEZA LITERARIA

En el principio (1.1,2): Este enunciado se refiere al comienzo de la creación, y nos hace retroceder hasta Génesis 1.1.

Era (1.1): Indica que el Verbo antecede al comienzo de la creación. En otras palabras, el Verbo ya existía incluso antes del primer acto por el cual se dio principio a la existencia del universo.

Con (1.1): Hacia Dios, cara a cara con Dios, en compañía de Dios. La idea es que el Verbo estaba en eterna comunión con el resto de la Deidad: Dios Padre y Dios Espíritu Santo.

Dios (1.1,2): En la primera y tercera ocasiones en que aparece esta palabra, *Dios* se refiere al Padre y al Espíritu Santo (el primer y el tercer miembros de la Divinidad). La segunda vez que aparece significa «deidad»; declara la naturaleza divina indivisible que el Verbo posee junto al Padre y al Espíritu Santo.

Verbo (1.1): Es una traducción de la palabra griega *logos*. En la mentalidad del judío del primer siglo, *logos* se refería a la palabra hablada, con énfasis en el significado, no en su sonido, de modo que implicaría a un ser racional involucrado en la comunicación. Dada la similitud entre Juan 1.1 y Génesis 1.1, los lectores judíos habrían vinculado el *Verbo* en Juan con la actividad creadora de Dios en Génesis 1, donde Él hablaba y las cosas adquirían existencia (Gn 1.3). Así que para ellos *Logos* designaba el poder y la actividad creativa personal de Dios. Es el verbo en acción.

Para los lectores griegos, *logos* significaba «razón, pensamiento racional y discurso; el principio de la razón o del orden en el mundo que confiere a este su estructura y constituye el alma del hombre». Nuestra palabra *lógica* se deriva de *logos*.

Juntos, esos significados nos dicen que el Verbo es la fuente racional y personal del poder y la acción en la creación. Sin dudas que el apóstol Juan eligió esta palabra de modo que apelara tanto a judíos como a griegos, a fin de expresar verdades que ambos grupos pudieran asociar con el Verbo.[1]

Nada (1.3): Ni siquiera un sola cosa fue hecha al margen de la obra creadora del Verbo.[2]

ENTRE BASTIDORES

El cuarto Evangelio comienza con una de las doctrinas más difíciles del cristianismo: la Trinidad. Cuando Juan habla de la igualdad entre el Verbo y Dios, y sin embargo, también indica diferencias, plantea un problema que los cristianos siempre aceptaron pero que les llevó varios cientos de años para resolver. La Biblia deja bien aclarado que existe un solo Dios (Dt 6.4; Is 44.6-8; 45.5,6,18,21,22; 1 Co 8.4-6; 1 Ti 2.5). Pero también establece con claridad que el Padre es Dios (Jn 6.27; Ro 1.7; Gl 1.1), que Jesucristo es Dios (Jn 1.1-3,14; Col 2.9; Tit 2.13; Heb 1.2,3; 1 Jn 5.20), y que el Espíritu Santo es Dios (Hch 5.3,4; 28.25-27; 2 Co 3.16,17; Heb 10.15,16). Además, la Biblia asigna atributos y actividades divinos tanto a dos, como a las tres Personas en el mismo contexto (Mt 28.18,19; 1 Co 1.3; 2 Co 13.14; Ef 4.4-6).

Ante estos y muchos otros pasajes, la iglesia del siglo cuarto finalmente estructuró de manera formal la relación entre el Padre, el Hijo y el Espíritu Santo como tres Personas no creadas, eternas, coiguales, que coexisten en, o poseen la misma naturaleza divina indivisible. Por lo tanto, cada Persona es completamente Dios y posee los mismos atributos divinos, porque cada una posee sin variación la misma naturaleza, si bien cada Persona es eternamente distinguible de las otras. El Padre no es el Hijo o el Espíritu, el Hijo no es el Padre o el Espíritu, y el Espíritu no es el Padre o el Hijo. En síntesis, existe un solo Dios, pero este Dios es tres Personas distintas que coexisten eternamente en una sola naturaleza divina.

Si le resulta difícil entender esto, no se desaliente, ¡no está solo! ¿Acaso no debiera el Dios de todo el universo estar «un poco» más allá de nuestra posibilidad de describirlo, puesto que es Dios? Al someternos a la fe, debemos reconocer que a través de los siglos la Iglesia ha apoyado esta manera de concebir a Dios como una fiel descripción de lo que la Biblia enseña. Las grandes mentalidades en realidad se han mostrado siempre dispuestas a reconocer que su entendimiento es finito, y a dejar abierta la «posibilidad» de que la trascendente grandeza de Dios «pudiese» exceder su pleno entendimiento. Y, sin embargo, en lo que respecta a la naturaleza personal de su amor, Él ha decidido revelarse de igual modo a nosotros.

VIDA Y LUZ

En Juan 1.1,2, el Verbo es Dios. En el versículo 3, el Verbo es el Creador. ¿Qué es el Verbo en los versículos 4-13?

¿Quién envió Dios antes que al Verbo y por qué? (vv. 6-8)

¿A dónde fue el Verbo y cómo fue recibido? (vv. 5,11,12)

Juan nos dice que el Verbo es la luz. ¿Qué son las tinieblas?

¿Cuáles son las ironías que se mencionan en los versículos 9-11?

RIQUEZA LITERARIA

Conocer (1.10): «Es el reconocimiento de la verdad por experiencia personal».[3]

¿Qué nos dicen esas ironías acerca de la condición del mundo y de qué manera podemos esperar que la gente responda a Jesús?

Según su opinión, ¿qué es lo que tratan de enseñar los versículos 12 y 13 acerca de la manera en que podemos obtener o no la salvación? Dicho de otro modo, ¿qué nos dicen estos versículos acerca de los *medios* de salvación (la manera en que podemos ser salvos en contraste con las formas en que no podemos serlo) y cuál es la *fuente* de nuestra salvación (quién nos salva y quiénes no pueden hacerlo)?

RIQUEZA LITERARIA

Potestad (1.12): Autoridad.

Ser hechos hijos de Dios (1.12): Aparte de Cristo, no comenzamos siendo parte de la familia eterna de Dios. Debemos entrar en ella, y cuando lo hacemos, entramos como sus pequeños adoptados.

Creen en su nombre (1.12): Un compromiso activo con Jesucristo: su persona, carácter, obra.

Nacidos (1.13): Figura de lenguaje que se usa para ejemplificar un nacimiento espiritual, no físico, en la familia de Dios (cf. Jn 3.1-21).

FE VIVA

¿Entiende quién es el que lo salva y cómo? ¿Está seguro acerca del papel de Dios y el suyo? Si no es así, lea de nuevo el prólogo de Juan y repase este capítulo de la guía de estudio. Si es necesario, consulte a su pastor o algún maestro de la Biblia, o algún amigo cristiano, y pídale que se lo explique. Haga lo que haga, no permita que esta importante enseñanza se le escape. Su destino eterno podría estar en juego.

LA PALABRA ENCARNADA

Antes que viniera el Verbo, Dios se había revelado al mundo en una variedad de formas a lo largo de la historia (Heb 1.1). ¿Cuáles fueron algunas de esas formas?

¿En qué consiste que la revelación de Dios por medio del Verbo fuera algo único? (Jn 1.14,17,18).

Dadas las diferentes maneras en que Dios se manifestó en el Antiguo Testamento, ¿por qué es que Juan puede decir que nadie ha visto al Padre y que sólo el Hijo lo ha revelado? (v. 18) ¿De qué modo puede usted explicar esto? (Más adelante, volveremos a tratar este asunto al detalle, pero por el momento haga un esfuerzo por resolver este aparente problema.)

¿Qué dijo Juan el Bautista acerca del Verbo encarnado? (v. 15)

RIQUEZA LITERARIA

El Verbo fue hecho carne (1.14): El Verbo, el Hijo de Dios, adoptó para sí una naturaleza humana por completo (cuerpo, alma y espíritu), igual que la nuestra, pero sin manchas de pecado, de modo que ahora tenía dos naturalezas distintas: una plenamente humana y otra plenamente divina.

Habitó (1.14): Instaló su tienda de campaña. El lugar donde Dios moraba entre su pueblo ya no era el tabernáculo o el templo (Éx 25.8; 40.34; 1 R 8.10-12), sino el Hijo de Dios encarnado.

Gloria (1.14): «La manifestación de Dios, el resplandor externo de su ser interior»,[4] de la misma manera en que los rayos del sol manifiestan la presencia y el poder de su fuente, el sol. De esta manera Jesús reveló la magnificencia de la deidad por medio de su humanidad.

Unigénito del Padre (1.14): Esto no se refiere a la concepción terrenal de Cristo o a su nacimiento, sino a la amorosa relación única y eterna que tiene con el Padre celestial al ser su Hijo.

Gracia sobre gracia (1.16): Una ola de gracia que es constantemente reemplazada por otra. Gracia tras gracia; gracia sobreabundante.[5]

Ley (1.17): La revelación de Dios que vino por el profeta Moisés. Aunque la gracia y la verdad de Dios se vieron en la Ley, se han manifestado en Cristo Jesús con tal plenitud que casi no hay comparación posible entre ambas revelaciones.

ENTRE BASTIDORES

Juan introduce de nuevo una de las enseñanzas más difíciles del cristianismo: la encarnación. Al igual que la doctrina de la Trinidad, la de la encarnación llevó un tiempo en desarrollarse formalmente, a pesar de que la Iglesia siempre aceptó el hecho de que Jesús era tanto humano como divino al mismo tiempo. En el siglo cuarto, sin embargo, en dos de los concilios principales de la iglesia (uno en Nicea y el otro en Calcedonia) la Iglesia resolvió esta cuestión.

Declaró que la segunda Persona de la Trinidad (el Hijo) agregó a su deidad una naturaleza humana plena (aunque absolutamente sin pecado o sin propensión a pecar), sin que esto alterara su naturaleza divina. De modo que manteniéndose Dios por completo y sin alteración alguna de su deidad, el Hijo se unió a una verdadera naturaleza humana en la matriz virginal de María. Y gracias a la distinción entre las tres Personas de la Deidad, sólo el Hijo se encarnó; ni el Padre ni el Espíritu Santo adoptaron la naturaleza humana. De modo que el Hijo, y sólo el Hijo, es en verdad humano en una naturaleza, y en verdad divino en otra naturaleza. Y estas dos naturalezas, si bien unidas en una Persona, no mezclan sus características (por ejemplo, la naturaleza humana no puede volverse todopoderosa y débil la divina), como tampoco están separadas una de la otra. Por lo tanto, Jesucristo es una Persona que posee dos naturalezas distintas que lo hacen en todo sentido el Dios-Hombre, único en su carácter.

❓ SONDEO A PROFUNDIDAD

Como ya vimos, las doctrinas de la Trinidad y de la encarnación resultaron difíciles de consolidar por parte de la Iglesia, y siguen siendo difíciles de entender. Para que pueda adquirir una comprensión más firme de ellas, consulte algunas obras sobre ambos temas. Comprobará que estas doctrinas son realmente bíblicas y razonables. No es posible sondear las profundidades de estas doctrinas sin cosechar beneficios personales. Adelante, pues. Decídase a hacerlo. Bien vale la pena dedicarle su tiempo y esfuerzo.

Lección 3 / ¿Quién es usted?
(1.19—2.25)

Imagine un lugar donde las personas tuvieran el mismo nombre y trabajo. Se vistieran y comportaran de la misma manera. Sus casas fueran idénticas por dentro y por fuera. Sus automóviles no tuvieran rasgos diferentes para distinguirlos. Es más, que nada los distinguiera entre sí excepto su sexo y el espacio que cada una ocupara. Nos parece espantoso, ¿verdad? Nadie querría vivir en un lugar tan horrible.

Por supuesto que hay momentos en que desearíamos tener el nombre de otro, su aspecto, nivel de popularidad, talento o bienes materiales. A veces incluso desearíamos haber nacido en algún otro lugar, o en el seno de otra familia. Pero esos deseos ocasionales por lo general se anulan por la necesidad más básica de tener nuestra propia identidad, y poder ser la persona que somos. Cualquier padre que tenga un hijo adolescente sabe lo fuerte que es esta inclinación. Si bien queremos tener nuestro lugar y pertenecer a un grupo, no deseamos que otros nos absorban (aunque a veces esto nos sucede). Queremos distinguirnos de la muchedumbre, incluso ser sus líderes. Deseamos forjar y retener nuestras propias identidades.

¿Por qué es tan fuerte este impulso? Porque Dios nos creó de esta manera. «Quiero ser yo mismo», no es el refrán del egotista, sino de individuos creados a la imagen de Dios que anhelan conocer quiénes son y llevar a cabo el propósito para el cual viven. La gente no siempre entiende esto cuando se trata de su persona, pero eso no quita el hecho de que Dios nos creó para que nos descubramos y nos realicemos a plenitud.

En Juan 1.19—2.25, conocerá a un hombre que estaba seguro de quién era y cuál era su vocación. También conocerá a otras cuatro personas que comenzaron a descubrir para qué las había creado Dios y qué podían hacer con sus vidas. Sin tener en cuenta la medida en que se comprenda a sí mismo y en entender el propósito por el cual vive, este pasaje de Juan le ayudará a acercarse más aún a una comprensión de estas metas básicas ordenadas por Dios.

JUAN CONOCE A JUAN

Juan 1.19-28 trata de Juan el Bautista y de algunas personas que estaban muy interesadas en su identidad y destino.

¿Dónde estaba Juan y qué hacía? (vv. 25,28)

¿Quiénes salieron a ver a Juan y de dónde eran? (vv. 19,24)

ENTRE BASTIDORES

A través del cuarto Evangelio veremos a muchos grupos que se acercan a Jesús para interrogarlo o acusarlo. Aquí vemos a tres grupos religiosos judíos que vienen con ese fin: los sacerdotes, los levitas y los fariseos (vv. 19,24).

Las palabras *los judíos* se refieren a veces al pueblo de Israel en su totalidad, o a los de Judea a diferencia de los galileos (7.1), pero en esta parte del Evangelio se trata del círculo de autoridades religiosas de Jerusalén. Este cuerpo de líderes mandó una delegación de sacerdotes, levitas y fariseos a interrogar a Juan el Bautista.

Los sacerdotes eran las autoridades teológicas. Descendían de Aarón, y su principal ocupación era ministrar en el altar del templo (Éx 28.1).

Los levitas eran descendientes de Leví, y habían sido designados para ayudar a los sacerdotes con el ritual y el servicio del templo (Nm 8.19,26).

A diferencia de los levitas y los sacerdotes, cuyos orígenes fueron instituidos por Dios en la Ley del Antiguo Testamento, los fariseos aparecieron en escena al final del siglo segundo antes de Cristo. Los fariseos creían que las tradiciones orales y escritas de los rabinos tenían tanta autoridad como la Ley escrita de Moisés. Las tradiciones de los rabinos eran básicamente comentarios teológicos y prácticos sobre la

Ley Mosaica, y se fueron desarrollando para asegurar que sus principios se mantuvieran aplicables a los cambios en la sociedad judía. Al preservar y obedecer estas tradiciones, los fariseos trataban de salvaguardar la Ley y evitar que se echara a un lado porque se considerara inaplicable u obsoleta.

El nombre *fariseos* significa «los separados», y este era el aspecto que más se conocía de los miembros de este grupo. En razón de su devoción religiosa se separaban de cualquier cosa que pudiera significar o conducir a la impureza ética o ceremonial. Según Josefo, el historiador judío que era seguidor de estos principios, los fariseos tenían la reputación de «sobrepasar al resto de su nación en la observancia de la religión y de ser exponentes perfectos de las leyes» (*Jewish Wars* [Guerras de los judíos] 1.110). Durante la época de Jesús constituían una minoría influyente entre los líderes religiosos judíos.[1]

¿Quién dijo Juan el Bautista que él no era? (Jn 1.20,21)

¿Quién dijo Juan el Bautista que era y de qué manera su identidad estaba vinculada a su misión? (vv. 23,26,27; cf. Is 40.3-5)

ENTRE BASTIDORES

Lo que Juan negaba es tan importante como lo que afirmaba. Si hubiera dicho que era el Cristo, se habría identificado con aquel de quien se había profetizado que traería la liberación para Israel. Los líderes religiosos hubieran podido declarar esa pretendida identidad a los romanos que habrían visto en dicho aspirante un potencial revolucionario. De acuerdo a la ley romana la insurrección se castigaba con la muerte. Lo que no comprendían los judíos era que Juan estaba preparando el camino para el Libertador esperado, el que al final habría de morir a manos de los romanos bajo el cargo de insurrección (19.12-19).

La idea de que Juan podría haber sido Elías se basaba en la promesa de que ese profeta vendría antes que el Mesías (cf. Mal 4.5,6). Aunque Juan hablaba como el Elías que esperaban, se parecía a él y tenía un ministerio similar al suyo (Lc 1.13-17,76-79), Juan seguía negando tal identificación. Venía con el poder y la función de Elías, pero no era dicho profeta resucitado.

Muchos judíos también esperaban que un profeta como Moisés se levantara antes de la llegada del Mesías (Dt 18.15-19). Tenían la esperanza de que este profeta los liberara de sus enemigos, en un nuevo éxodo, y suponían que sería una persona distinta al Mesías. Estaban equivocados en ambos aspectos. Jesús era el cumplimiento de las expectativas del Antiguo Testamento, tal como Juan (y Felipe) parecía advertirlo (Jn 1.45), no era el libertador político de los judíos.

Juan sabía quién era: la voz de uno que clama en el desierto, el mensajero del Señor, el que prepara el camino del Mesías, el que da testimonio de la Luz verdadera. Debido a que estaba consciente de su identidad y llamado, podría aclarárselo a otros y proceder con eficacia en su misión.

FE VIVA

¿Tiene clara conciencia de su propia identidad y del propósito de su vida? ¿Puede decir con Juan el Bautista: «yo sé quién soy y quién no soy, y sé para qué me ha llamado Dios»? Si es así, especifique su respuesta abajo expresando quién es usted y cuál es su llamado. Si no es así convierta su respuesta en una oración, pidiéndole al Señor que le ayude a definirse y a descubrir qué es lo que Él quiere que usted haga para la extensión de su Reino.

Los líderes religiosos no sabían quién era Juan, y él les dijo que ellos no sabían a quién venía a representar, aunque esa Persona estaba entre ellos (1.26). ¿De qué manera se vincula todo esto con los versículos 10,11?

FE VIVA

¿Ha conocido personas que son muy religiosas y que sin embargo no conocen a Jesucristo, el Mesías? Es posible que asistan a cultos de adoración, oren y cumplan estrictamente un código de conducta, pero aun así no saben quién es Jesús. Recuerde de qué manera Juan el Bautista se ocupó de tales personas y, mediante ese ejemplo, elabore algunos principios que lo puedan guiar en su trato con los agnósticos religiosos.

JUAN CONOCE A JESÚS

La misión más importante de Juan el Bautista era dar testimonio acerca de Jesús. ¿Qué testifica Juan el Bautista acerca de Cristo en Juan 1.29-34? ¿Quién dice que es Jesús, y qué afirma que venía a hacer Jesús?

RIQUEZA LITERARIA

El Cordero de Dios (1.29): En el Antiguo Testamento se observa una serie de sacrificios con corderos: la Pascua (Éx 12.3-14); los sacrificios diarios en el templo (Éx 29.38-41); las ofrendas para holocausto (Lv 1.10); las ofrendas de paz (3.7); las ofrendas por el pecado (4.32); la purificación del leproso (14.13), la Fiesta de las Trompetas, de los Tabernáculos y del Día de Expiación (Nm 29.1-40). Quizás todos estos sacrificios representan el título de «Cordero de Dios». Pero debido a que buena parte del cuarto Evangelio se desarrolla en torno a la Fiesta de la Pascua, es posible que el sacrificio pascual fuera lo primero que tenían a la vista. «La pascua enseñaba que la liberación se había efectuado por medio del derramamiento de sangre, es decir, la muerte del inocente por los culpables (Éx 12.1-14). Tal vez los judíos que escuchaban la predicación de Juan vincularían su comentario con el cordero pascual»,[2] concluyendo que él afirmaba que Jesús era el Cordero de Dios para el sacrificio, quien al derramar su sangre quitaría los pecados del mundo (cf. 1 Co 5.7; Ap 5.6-14).

El Hijo de Dios (1.34): Este título expresa la naturaleza divina de Jesús (5.18), su relación única con Dios el Padre (5.20; 6.47), y su conocimiento especial del Padre (10.15). *Testimonio* (1.32): También se traduce «testigo»; este término aparece casi cincuenta veces en el Evangelio de Juan. El apóstol lo usa de dos maneras: (1) para indicar lo que era un testimonio legalmente aceptable que demostraba la verdad de algo (8.17), y (2) para mostrar que se había comprometido con esa verdad. Jesús es la verdad de la cual se da testimonio, y en el cuarto Evangelio los testigos son Juan el Bautista (1.6,7,34); una variedad de seres humanos, incluyendo los discípulos (15.27) y las multitudes que veían las obras increíbles que hacía Jesús (12.17); Sus propias obras (5.36; 10.25); las Escrituras (5.39); el Padre (5.31, 32, 37); el Espíritu Santo (15.26); y, por supuesto, Jesús mismo (8.14,18). Lo importante es notar que hay testigos más que suficientes para establecer la verdad acerca de la identidad y la misión de Jesús.³

![logo] **FE VIVA**

¿Está seguro acerca de quién es Jesús y de lo que hizo por usted? Sí o no, ¿por qué?

Si alguien le preguntara: «¿Cómo sabe que Jesús es el Mesías, el Hijo de Dios?», ¿qué pruebas esgrimiría como testimonio?

Juan admite que aunque procuró preparar el camino para el Señor, no sabía cómo lo iba a reconocer. ¿De qué manera se resolvió el problema? (vv. 31,33)

FE VIVA

Juan el Bautista necesitó ayuda para reconocer a Jesús. ¿De qué manera reconoce usted Su presencia en su vida?

¿Qué puede hacer para ayudar a que otros lo identifiquen?

¿Cuáles fueron las diferencias entre el bautismo de Juan y el de Jesús? (v. 33) Busque los pasajes que se enumeran abajo, y luego escriba en la columna correspondiente lo que se dice acerca del bautismo de Jesús y el de Juan.

Escrituras	Bautismo de Jesús	Bautismo de Juan
Ezequiel 36.25-27		
Joel 2.28-30		
Mateo 3.11,12		
Marcos 1.4,5		
Lucas 24.49		
Juan 7.38,39		
Hechos 2.5-41		
Hechos 19.1-6		
1 Corintios 12.13		

¿Está bautizado en agua como lo mandó Jesús? (Mt 28.18-20) Diga lo que ocurrió.

¿Está bautizado en el Espíritu Santo como lo prometió Jesús? (Hch 1.5,8). Diga lo que ocurrió.

JESÚS NOS CONOCE

Cuando Jesús arribó a la escena, Juan el Bautista se dio cuenta de que su ministerio debía menguar y el de Jesús crecer (cf. Jn 3.27-30). Poco después que Juan bautizó a Jesús, comenzó a decirles a sus discípulos que debían seguir al «Cordero de Dios» (1.36).

¿Quiénes fueron los primeros discípulos que lo hicieron? (1.37,40).

¿Quién cree que es el discípulo cuyo nombre no se menciona? ¿Podría ser Juan el apóstol? ¿Qué tratamos en el primer capítulo que nos llevaría a identificar a esta persona como el autor del cuarto Evangelio?

¿Qué pregunta les hizo Jesús? (v. 38)

¿Por qué cree que Jesús centró la atención en el *qué* más que en el *quién*? ¿Qué revela la elección de esa palabra acerca de lo que en realidad les preguntaba?

¿Cuál fue la respuesta de Jesús a la pregunta de los discípulos? (v. 38)

FE VIVA

La respuesta de Jesús a los que lo buscan es tan relevante hoy como lo era entonces. ¿De qué manera podría aplicar esa respuesta a una situación evangelística actual? Exprese con sus propias palabras la esencia de lo que dijo Jesús, como si hablara con incrédulos interesados.

Andrés encontró a su hermano Simón y lo trajo a Jesús. ¿Qué le dijo Andrés a Simón para lograr que lo acompañara, y por qué debió considerarlo importante Simón? (v. 41)

RIQUEZA LITERARIA

Mesías (1.41): «En hebreo, "Mesías" significa "el Ungido", que en griego se traduce *Cristo*[...] La idea de "el Ungido" viene de la práctica del Antiguo Testamento de ungir a los sacerdotes y reyes con aceite. Esto simbolizaba al Espíritu y apuntaba hacia el futuro, hacia Aquel que habría de venir (cf. Is 61.1). El título "Mesías" comenzó a usarse respecto al futuro Rey davídico (cf. Mt 1.1; Jn 6.15)».[4] Mediante «el Ungido», se destaca tanto el papel real de Jesús como «el que bautiza con el Espíritu Santo» (Jn 1.33), por medio del cual transfiere Su «Reino ungido» a quienes llena con su Espíritu, es decir, la promesa del poder para el ministerio (Hch 1.8) y de la verdad para permanecer (1 Jn 2.18-26).

Cuando Simón se encontró con Jesús, este le cambió el nombre (Jn 1.42). ¿Qué importancia tuvo ese cambio? Para información adicional véanse Mateo 16.18; Lucas 22.31,32; Juan 21.15-19; Hechos 2—5; 10—12.

¿Quién fue el primer discípulo al que Jesús llamó personalmente, y qué le dijo que hiciera? (Jn 1.43)

¿Qué relación tenía esta persona con Andrés y Pedro? (v. 44)

¿Cree que Andrés y Pedro le contaron a Jesús algo sobre él? Sí o no, ¿por qué?

FE VIVA

El llamado que Jesús hizo a Felipe es el mismo que hace a todos los que por fe deciden confiar en Él. ¿Ha respondido usted a ese llamado? ¿Cumple su llamado diariamente? ¿Qué puede hacer esta semana para seguir al Señor más de cerca y con más firmeza?

¿Qué ocurrió después de la decisión de Felipe de seguir a Jesús? (vv. 45,46)

FE VIVA

¿Cuándo fue la última vez que buscó a alguien para hablarle de Jesús? ¿A quién puede visitar en las próximas dos semanas? Enumere esas personas aquí, y luego deje un espacio al lado de cada nombre para anotar lo que sucedió.

La respuesta inicial de Natanael a Felipe no demostró una opinión muy elevada del pueblo donde vivía Jesús (v. 26). ¿Por qué cree que tenía esa opinión? (cf. 7.41,42,52)

¿Qué fue lo inusual que Jesús hizo para que Natanael concluyera que Jesús era «el Hijo de Dios» y «el Rey de Israel»? (v. 49; cf. vv. 47,48,50)

Las palabras finales a Natanael nos recuerdan el sueño de Jacob en Génesis 28.10-15. ¿Por qué Jesús mencionaría ese hecho? ¿Qué trataba de sugerir a Natanael?

RIQUEZA LITERARIA

De cierto, de cierto os digo (1.51): Giro lingüístico de afirmación solemne que se usaba para expresar la certidumbre de que lo que se decía era confiable y se iba a cumplir indefectiblemente.[5]

LAS ACCIONES DE SEGURIDAD

Jesús no podría haberse ganado el apoyo de tanta gente en tan poco tiempo a menos que hubiera estado plenamente convencido de su identidad como el Hijo del Padre, y de su misión como el Salvador elegido por Dios. Sabía a la perfección todo acerca de sí mismo; sus acciones y las respuestas que recibía lo ponen de manifiesto. Vimos lo mismo en el caso de Juan el Bautista. No es necesario ser el Hijo de Dios para tener esa clase de seguridad, pero cuando uno sabe que tiene la debida relación con Él, que lo sigue como Él quiere, ese tipo de seguridad llegará.

Por lo tanto, siga buscándolo, como lo hicieron Juan y los otros discípulos. Lo demás vendrá sin que lo busque.

Lección 4/ La vida eterna a un paso del Mesías (2.1—3.36)

- «¡Querida! ¡Conseguí el trabajo de mis sueños! ¡Ya estoy encaminado!»
- «Mi esposo deseaba un hijo varón. Sé que está desilusionado, pero creo que se va a adaptar».
- «Se esforzó mucho para comprar esa granja, pero al no recibir el aumento de sueldo que esperaba, tuvo que abandonar sus planes».
- «La cortejó hasta que ganó su corazón. ¡Nunca vi un novio más feliz en el día de su boda!»
- «Después de la muerte de su única hija en ese accidente automovilístico, no perdonó a Dios. "Un Dios bueno jamás habría arrebatado a mi Jessica", le oí decir. Murió con esa misma convicción».

Expectativas. Todos las tenemos, y organizamos nuestras vidas en torno a ellas. Las expectativas nos motivan, cambian, desafían, a veces hasta nos perturban. Nos pueden elevar o nos pueden hundir, encumbrarnos o liquidarnos. Su cumplimiento puede escapársenos durante años, quizás toda una vida. Pero a veces se cumplen más rápidamente de lo que jamás hubiéramos esperado o temido. Con frecuencia la forma en que por fin se convierten en realidad nos ponen fuera de combate. A veces saltamos de alegría. En otras, no logramos sobreponernos nunca; para algunos el dolor puede ser tan grande que jamás se recuperen.

Entre los judíos del primer siglo, las expectativas de un Mesías que habría de venir estaban en su punto máximo. Los gentiles, los romanos, gobernaban al pueblo judío y, naturalmente, odiaban esta situación. Ansiaban librarse del pesado yugo del Imperio Romano, de modo que estaban atentos a la aparición de un Mesías militar, un Libertador político (cf. Sal 2; Is 11; 12; Dan 7). Aunque algunos veían en Jesús a su poderoso Rey-Guerrero, Él no quería tener nada que ver con esto (Jn 6.14,15). Su misión y manera de llevarla a cabo eran diferentes, lo cual confundió y desilusionó a muchos de sus contemporáneos judíos, e incluso a algunos de sus discípulos. Otros se sentían amenazados y trataron de matarlo, y uno de los suyos sería el que lo traicionaría. Algunos, sin embargo, lo verían como Salvador, y aceptarían creer en Él y encontrarían esa salvación. Todos lo miraban con expectativas, unos veían cumplidas sus esperanzas, mientras que otros las verían desaparecer.

Veamos en qué medida responde a sus expectativas.

SIGNOS DE REVELACIÓN

Aparte de la resurrección y la pesca milagrosa que Juan 21.4-11 registra, el apóstol menciona siete señales (milagros), con el propósito de revelar algo acerca de la persona de Cristo, para darle autenticidad a su mensaje y señalar hacia el Reino futuro del Mesías (cf. Is 35.5,6). La primera de estas señales se encuentra en Juan 2, y nos ocuparemos de ella con más detalles dentro de un momento. Por ahora, lea los pasajes mencionados a continuación, luego anote la señal y lo que esta revela acerca de Jesús, su mensaje y/o su Reino. Esto nos ayudará a ver de qué manera Jesús usa las «señales» en su ministerio, no a modo de entretenimiento o truco, sino como demostración de su Deidad, para verificar su presencia y su poder sobrenaturales.

LAS SIETE SEÑALES

Escrituras	Señales	Significación
2.1-11		
4.46-54		
5.1-9		
6.1-14		
6.16-21		
9.1-12		
11.1-46		

GUARDEMOS LO MEJOR PARA EL FINAL

La escena de la primera señal ocurre «en Caná de Galilea» (2.1), que estaba a unos ciento veinte kilómetros de Betania, el lugar donde Jesús se reunía con sus discípulos (1.28), y a unos trece kilómetros de su pueblo natal, Nazaret. La ocasión era una fiesta judía de casamiento que podía durar entre uno y siete días, de acuerdo con los recursos del esposo.[1] Era un momento de tremenda alegría y celebración; y Jesús, sus discípulos y su madre estaban invitados (2.1,2).

Describa con sus palabras lo que ocurrió, incluyendo lo que provocó que se produjese el milagro, el milagro mismo, y cómo reaccionó la gente ante el mismo (vv. 3-11).

RIQUEZA LITERARIA

Aún no ha venido mi hora (v. 4): Esta afirmación tiene dos significados: (1) «No es el momento para que yo actúe», lo cual se referiría al hecho de que Jesús esperaba el momento apropiado para proveer el vino necesario; (2) «No es tiempo para ser glorificado», lo cual, si bien ocurre en cierta medida después del milagro (v. 11), no encuentra su cumplimiento cabal hasta la crucifixión y la resurrección de Jesús (cf. 7.6-8,30; 8.20; 12.23-33; 13.1; 16.32; 17.1).

FE VIVA

¿Alguna vez ha tratado de acelerar los acontecimientos? Quizás intentó entablar una relación con demasiada precipitación, tal vez intentó llevar a cabo un proyecto antes de estar plenamente preparado para manejar la situación, o quizás trató de apresurar a Dios dando por sentado que Él contestaría su oración de cierta forma, para luego descubrir que tenía un plan diferente por completo. Todos nos ponemos impacientes, suponemos demasiado, a veces precipitamos las cosas en exceso, pero el ejemplo de Jesús es que: «Todo *tiene* su tiempo, y todo lo que se quiere debajo del cielo *tiene* su hora» (Ec 3.1). El Señor se movía en perfecta sincronización con el Padre.

¿De qué manera puede usted avanzar en conformidad con los tiempos dispuestos por Dios en lugar de los suyos? Enumere abajo algunas de las maneras, luego sométalas a Dios en oración, pidiéndole que lo ayude a llevarlas a la práctica con paciente confianza en Él.

OCUPARSE DEL NEGOCIO

Después de salir de Caná y de pasar unos días en Capernaum con su madre, sus hermanos y sus discípulos, Jesús viajó a Jerusalén para la Pascua (Jn 2.12,13).

RIQUEZA LITERARIA

Hermanos (2.12): Las referencias a los hermanos y hermanas de Jesucristo (cf. Mc 6.3; Jn 7.2-10) han recibido tres interpretaciones. La de los comentaristas católicos tradicionales, los que proponen la doctrina de la perpetua virginidad de María, creen que se trata de referencias a los primos de Jesús, o a los hijos de José de un matrimonio anterior. Los comentaristas protestantes aceptan por lo general el punto de vista de que estas referencias describen a los hijos menores que tuvieron María y José. Tal vez la mejor actitud que debemos adoptar en esta cuestión es la del historiador Paul Maier, es decir, la de que, si bien los teólogos pueden debatir la cuestión, el cristianismo se puede desenvolver perfectamente con cualquiera de estas interpretaciones. El Nuevo Testamento tiende a generalizar en los puntos que no son esenciales para la fe.[2]

La Pascua tiene sus raíces en el Antiguo Testamento. Esta celebración está conectada con uno de los acontecimientos más importantes de la historia de Israel: el éxodo de los hebreos, tras su esclavitud en Egipto. Lea acerca del establecimiento de la Pascua en Éxodo 12, luego registre abajo lo que haya aprendido. Si le es posible, consulte también un diccionario o una enciclopedia bíblicos.

Asociado con la Pascua estaba la ofrenda anual en el templo (Éx 30.13-16), y ambas tenían lugar en Jerusalén. Los peregrinos que viajaban a Jerusalén para estos acontecimientos religiosos te-

nían que cambiar su dinero romano por el medio siclo judío. Debido a que a los judíos se les exigía por ley gastar una décima parte
de sus ingresos en Jerusalén (Dt 14.23-27), los ciudadanos de Jerusalén muy gustosamente satisficieron las necesidades de los visi-
tantes.[3] Esto incluía venderles (con amplias ganancias, desde luego),
a los que acudían a adorar, los animales que necesitaban para los
sacrificios (Jn 2.14).

¿Cómo reaccionó Jesús ante esta empresa religiosa? (Jn 2.15)

¿Por qué reaccionó de esta forma? (vv. 16,17)

Como podrá imaginarse, los mercaderes judíos y las autoridades religiosas deben haberse indignado con la conducta de Jesús.
¿Qué sucedió entre ellos después que Jesús echó a los cambistas y
a los animales del área del templo? (vv. 18-21)

¿Qué efecto tuvo esto sobre los discípulos de Jesús? (vv. 17,22; cf.
1.11)

¿Cree que alguien esperaba que Jesús actuara de esa manera?
Respalde su respuesta con el texto.

RENACIDO PARA LA VIDA ETERNA

Después de limpiar el templo, Jesús se quedó en Jerusalén para
celebrar la Fiesta de la Pascua. También realizó una serie de señales
milagrosas, por lo que «muchos creyeron en su nombre» (Jn 2.23).
Pero los versículos 24 y 25 indican que Jesús no respondió a la
profesión de fe de estas personas de la misma manera que lo hizo
con sus discípulos. ¿Por qué? (6.2,14,15,60-66)

Inmediatamente después de estos hechos llega Nicodemo, un
fariseo (véase pp. 30,31) y «principal entre los judíos» (3.1) que
quería aprovechar la oportunidad de que Jesús aún estaba en Jerusalén, para encontrarse con Él. Nicodemo, en su calidad de «principal entre los judíos», era miembro del Sanedrín, cuerpo de
máxima autoridad religiosa compuesto por setenta y un miembros,
escribas, ancianos y sacerdotes. Estos preservaban la Ley y la in-
terpretaban, y tenían autoridad para expulsar a las personas que
violaban la Ley religiosa judía, como también para juzgar las acusaciones que se hacían contra falsos profetas y líderes sediciosos.[4]

¿En qué momento fue Nicodemo a ver a Jesús? (3.2)

¿Por qué cree que eligió esa hora para una reunión?

¿Qué le dijo Nicodemo a Jesús al comenzar su entrevista; y qué había de significativo en ello, especialmente debido a quién era Nicodemo y el cuerpo religioso que representaba? (v. 2)

¿Cree que Nicodemo fue sincero con sus comentarios iniciales? Sí o no, ¿por qué?

Antes de que Nicodemo pudiera hacer una pregunta, Jesús comienza a hablarle con autoridad, a este que era «un principal entre los judíos». Exprese con sus palabras lo que Jesús le dice (vv. 3,5-8,10-21). Procure que sus palabras expliquen las que empleó Jesús en lugar de repetirlas

RIQUEZA LITERARIA

Nacido de nuevo (3.3): Vuelto a nacer, literalmente, «nacido *de arriba*»; una regeneración y transformación espiritual que saca a la persona del reino de las tinieblas y la muerte y lo transfiere al Reino de la luz y la vida, también conocido como el Reino de Dios.[5]

Maestro de Israel (3.10)): Esto podría indicar que Nicodemo tenía un cargo oficial para enseñar en Israel. Al menos significa que era un maestro muy prominente, lo cual es una razón más, como dice Jesús, por la que debería haber entendido la enseñanza implícita en las Escrituras hebreas en relación con el renacimiento espiritual y su necesidad para entrar en el Reino de Dios. Los profetas se referían a esto (cf. Ez 36.22-27; 37.1-14), y muchas historias del Antiguo Testamento lo ilustran: «El viaje seguro de Noé y su familia en medio del diluvio, para comenzar una vida nueva en un mundo nuevo (Gn. 6.13—9.19), el cruce del Mar Rojo por los israelitas rescatados para convertirse en un pueblo apartado para Dios (Éx 14.15—15.21), el "bautismo" de Naamán, el sirio, en el Jordán, por lo cual "su carne se volvió como la carne de un niño, y quedó limpio" (2 R 5.14)».[6]

Hijo del Hombre (3.13): Enfatiza la humanidad de Jesús, pero también su origen celestial y carácter real (cf. Ez 1.26-28; Dn 7.13,14).

Cree (3.15): Confiar, tener fe. Esta acción comprende conocer, confiar y comprometerse con Jesús como el Mesías divino.[7]

Se pierda (3.15): En contraste con la vida eterna, esto significa muerte eterna o destrucción (cf. Mt 8.12; Ro 6.23; Jud 13), lo cual constituye una opción tan horrible que debiéramos estar dispuestos a tomar las decisiones radicales que sean necesarias para evitarla (Mc 9.43-47).

Vida eterna (3.15): Una dimensión y orden nuevos de vida otorgados desde arriba. Aunque en última instancia pertenece a la vida «para siempre» que los creyentes experimentarán en el cielo, está presente de manera «abundante» ahora (Jn 10.10), a la vez que es una realidad que no tiene fin (Jn 5.24; 10.28).

Amó (3.16): Es la traducción del vocablo griego *ágape*, que significa «amor incondicional, sacrificial e ilimitado» (cf. Ro 5.8; 1 Co 13).

Condenado (3.18): Juzgado, castigado. La consecuencia final autoimpuesta por rehusar el don del amor de Dios.

Ahora vuelva atrás y considere de qué manera Nicodemo respondió a la enseñanza de Jesús (3.4,9). A la luz de los comentarios iniciales que Nicodemo le hace a Jesús (v. 2), ¿cree que estaba preparado para lo que Jesús tenía que decirle? Aunque el apóstol Juan no nos lo dice aquí, ¿cree usted que Nicodemo finalmente comprendió lo que Jesús le dijo? (cf. 7.45-52; 19.38,39)

FE VIVA

¿Comprende lo que significa el nuevo nacimiento que viene del cielo? ¿Ha colocado su confianza en Cristo y ha experimentado el nuevo nacimiento, la regeneración y la transformación que obra el Espíritu Santo? Si no es así, esta es la oportunidad para que lo haga ahora mismo, luego anote a continuación la fecha, el hecho y su compromiso.

Por otra parte, si sabe que se ha convertido y que ya es un hijo del Reino de Dios, escriba a continuación por qué puede afirmarlo. Con frecuencia es de ayuda, particularmente cuando vienen las dudas, tener un registro de nuestro compromiso con el Rey.

CUANDO EL DECRECIMIENTO CRECE

Otro grupo al que Jesús sorprendió fue el de los seguidores de Juan el Bautista. Algunos, siguiendo el consejo de Juan, lo habían dejado para seguir a Jesús (1.35-37). Y aunque el Mesías ya había llegado y había comenzado su ministerio, Juan sabía que los días de su propio ministerio no habían acabado todavía (3.24), de modo que siguió bautizando y predicando su mensaje de arrepentimiento (v. 23). Sus seguidores parecían satisfechos con esto hasta que Jesús y sus discípulos comenzaron a bautizar (v. 22). Los seguidores de Juan vieron esto como una amenaza, y aparentemente empezaron una discusión con algunos de los espectadores judíos (v. 25). ¿Cuál de los bautismos era superior? ¿Cuál de los ministerios concordaba en realidad con lo que entendían los judíos acerca de la purificación? Los discípulos de Juan querían que su maestro defendiera sus derechos, de modo que fueron a decirle lo que Jesús y sus seguidores estaban haciendo (v. 26).

¿Cuál fue el mensaje básico que les dio Juan? (vv. 27-36)

¿De qué manera armonizaba lo que entendía Juan, en cuanto a la identidad y misión de Jesús, con lo que Jesús decía de sí y su propósito?

A LA ESPERA DE LO INESPERADO

A medida que estudiaba esta lección, ¿lo sorprendió Jesús de alguna manera? ¿Comprende ahora por qué escandalizaba a tantas personas? Por supuesto, apenas hemos comenzado a ver este «Maestro de lo Inesperado» actuando en el cuarto Evangelio. Luego veremos mucho más. Por cierto, que en el próximo capítulo veremos a Jesús enfrentarse contra el racismo, la inmoralidad sexual, la intolerancia religiosa, el rechazo y una enfermedad fatal. Cuando uno entra en contacto con Jesús, tiene que estar preparado para lo inesperado. ¿Qué otra cosa podríamos esperar del Dios-Hombre?

SONDEO A PROFUNDIDAD

El milagro de Jesús de convertir el agua en vino casi siempre plantea la cuestión de si es correcto que los cristianos tomen o no bebidas alcohólicas. Algunos creyentes piensan que la Biblia enseña (explícita o implícitamente) la abstinencia total, mientras que otros entienden que las Escrituras autorizan un consumo moderado, aunque no excesivo, de bebidas alcohólicas. Los cristianos que aceptan esta última posición se dividen, sin embargo, entre los que creen que la abstinencia es una actitud más responsable socialmente en una cultura en la que el abuso del alcohol es un grave problema.

En el caso de que usted quiera estudiar más detenidamente esta cuestión y resolverla por su cuenta, he reunido los versículos pertinentes de la Biblia y los he clasificado para facilitar su referencia. Beber o abstenerse a beber, ¿cuál es la posición bíblica?

LO QUE DICE LA BIBLIA

- CONSUMO DE ALCOHOL: Génesis 14.18; 27.28; Éxodo 22.29; 29.38-41; Números 15.6-10; 28.11-15; Deuteronomio 14.26; Rut 2.14; 1 Samuel 25.18-38; 2 Samuel 16.1, 2; Nehemías 5.18; Salmo 104.14,15; Proverbios 9.4-6; 25.20; 31.6,7; Eclesiastés 2.24; 9.7; Cantares 5.1; Isaías 25.6; 55.1,2; Joel 2.23,24; 3.17,18; Amós 9.13; Mateo 11.19; 26.27-29; 27.48; Marcos 2.14-17,22; 14.23-25; Lucas 5.27-39; 7.34; 10.33,34; 22.17,18,20; Juan 2.3-11; 1 Corintios 11.23-26; 1 Timoteo 5.23.
- ABUSO DEL ALCOHOL: Génesis 9.20-24; 19.30-38; Deuteronomio 21.20,21; 1 Samuel 1.13-16; Job 12.25; Proverbios 20.1; 21.17; 23.17-21,29-35; 31.4,5; Isaías 5.11,22; 19.14; 28.7,8; 56.12; Jeremías 25.27-29; 48.26; 51.39,40; Oseas 4.11; 7.5; Joel 1.5; Amós 6.1, 6; Habacuc 2.5,15,16; Lucas 21.34; Romanos 13.13; 1 Corintios 5.11; 6.9,10; 11.20,21,27-32; Gálatas 5.19-21; Efesios 5.18; 1 Timoteo 3.2,3,8; Tito 1.7; 2.3; 1 Pedro 4.3.

- RESTRICCIONES CON EL ALCOHOL: Levítico 10.8-11; Números 6.1-4,13-20; Deuteronomio 29.5,6; Jueces 13.3-5,7,13,14; Jeremías 35; Ezequiel 44.15,21; Daniel 1.8-16; Mateo 11.18; Lucas 1.13-15; 7.33; Efesios 5.18; 1 Timoteo 3.2,3,8; Tito 1.7; 2.3.
- PRINCIPIOS RELACIONADOS CON EL TEMA: Romanos 14; 1 Corintios 6.12; 8; 10.31; Gálatas 5.22,23; Filipenses 2.3,4; 1 Timoteo 4.1-5; 6.17; Tito 1.15; 2 Pedro 1.5-11.

Lección 5 / El que apaga la sed para siempre (4.1-54)

¿Alguna vez se ha detenido a pensar en toda la variedad de cosas que tenemos al alcance para calmar la sed? Por ejemplo, veamos los jugos. Naranja, uva, manzana, piña, limón... nombre una fruta, y podrá tomar el jugo de la misma. ¿Y qué decir de las bebidas artificiales sin alcohol? Con cafeína, sin cafeína; claras u oscuras; con diez por ciento de jugo de fruta natural, o sólo químicas; con o sin azúcar. Luego tenemos el té y el café y las variedades de leche, por no mencionar todas las combinaciones existentes de bebidas alcohólicas. Incluso el agua se puede comprar directamente de los manantiales o contaminada, con cloro o flúor, envasado o directamente del grifo, o en una interminable variedad de preparaciones de aguas minerales. Nuestras opciones en bebidas son enormes.

Con tanto a nuestro alcance, se podría creer que no es posible sentir sed jamás. Pero no es así. ¡Tenemos sed constantemente! Nuestros resecos paladares mantienen industrias multimillonarias dedicadas a satisfacer nuestra insaciable sed.

«¿Y qué tiene que ver todo este trivial comentario con el cuarto Evangelio?» A eso voy. El paralelo es el siguiente: Lo que es cierto en cuanto a nuestra insaciable sed física es igualmente cierto con respecto a nuestra sed espiritual, esa tierra reseca que todos llevamos dentro, que anhela ser inundada con las incesantes aguas de propósito, significado, perdón, redención y renovación verdaderos. Aquí también las opciones que tenemos son enormes. Podemos beber de las fuentes de religiones antiguas, tales como el islam, el judaísmo, el budismo, el hinduismo, el zoroastrismo o el confucianismo. O bien, si nuestro gusto se inclina hacia formas más modernas de los viejos errores antiguos, podríamos probar el mormonismo, los Testigos de Jehová, la Ciencia Cristiana, la fe Baha'i, el más reciente de los reencarnacionistas, o a algún gurú de la Nueva Era. Y estas son sólo unas cuantas de las centenares de opciones disponibles, que afirman tener la capacidad de satisfacer la sed de nuestras almas resecas y resquebrajadas.

¿Dónde podemos encontrar lo que realmente calma nuestra sed? ¿Quién tiene la respuesta? El apóstol Juan la tiene, y su respuesta está contenida en el cuarto capítulo del Evangelio que lleva su nombre. Aquí encontraremos una bebida que no tiene igual. Una vez que se prueba, una vez que le permitimos refrescar la lengua del alma, inunda la totalidad del ser y empapa por completo a la persona por toda una eternidad.

Por lo tanto, prepárese para eliminar cualquier otra de las llamadas bebidas espirituales que haya estado probando. También puede arrojar de sí cualquier otra clase de bebida con la que haya intentado calmar su reseco dolor interno. Usted está a punto de descubrir lo que calma definitivamente la sed; la única bebida que no necesita reponerse, la única que puede satisfacer su alma para siempre.

FUENTE DE VIDA ETERNA

Mientras Jesús y sus discípulos llevaban adelante un ministerio de bautismos en Judea, Jesús supo que los fariseos se habían enterado de que en su ministerio habían más bautismos que en el de Juan el Bautista. De modo que esto hizo que Jesús sacara las estacas, empaquetara su tienda y se marchara a Galilea (Jn 4.1-3).

¿Qué impulsó a Jesús a trasladarse de lugar cuando los fariseos descubrieron el éxito de su ministerio? ¿Era que les temía, o tenía otra motivación? (cf. 7.6-8,30; 8.20)

✎ RIQUEZA LITERARIA

Señor (4.1): Modo de dirigirse a una persona respetada, similar al uso que damos de la palabra «señor» (v. 11; 9.36). También puede referirse a la deidad de Jesús (20.28).

FE VIVA

A través de este estudio veremos muchas veces que Jesús deja un lugar o un grupo de personas y se aleja en el momento preciso. Siempre parecía tener conciencia del momento en que debía marcharse. ¿Cómo cree que lo sabía?

¿Cómo puede saber cuándo es el momento oportuno? Enumere algunas de las maneras en que Dios se lo hace saber.

¿Le ha dicho últimamente cuándo debe cambiar de lugar? ¿Cuándo quedarse? ¿Lo ha escuchado? Si no, ¿a qué se debe? Si lo hace, ¿cómo ocurre la transición? Dígale al Señor lo que piensa. Él está siempre dispuesto a escuchar y guiar a una mente y un corazón interesados.

Judea estaba al sur de Palestina, la región donde estaba localizada Jerusalén, y Galilea estaba en su parte más septentrional. Exactamente entre Judea y Galilea se encontraba Samaria. Hacia el este estaba la región de Perea. Cuando los judíos querían ir desde Judea a Galilea, a menudo lo hacían atravesando Perea, hacia el noreste, y luego cruzaban hacia el oeste a pesar de que la ruta por Samaria era mucho más corta. ¿Por qué evitaban pasar por Samaria? (4.9)

ENTRE BASTIDORES

No se puede entender el antagonismo que existía entre los judíos y los samaritanos del primer siglo sin conocer algo de historia.

Dios eligió a Jerusalén como el centro de adoración para Israel. Estaba edificada sobre el monte Moriah, donde Abraham ofreció a Isaac (Gn 22.2), y era el sitio en el cual edificó Salomón el templo (2 Cr 3.1,2). Jerusalén era decididamente la Ciudad Santa (6.6; 12.13; Jer 3.17; Zac 14.16). Pero cuando Israel se dividió en dos reinos (931 a.c.), el gobernante del reino del norte, Jeroboam, quizo asegurarse de que el pueblo que habitaba su territorio no transfiriera su lealtad a Roboam el gobernante del reino del sur (Judá), después de viajar a Jerusalén a adorar (1 R 12.27). De modo que Jeroboam estableció en el norte centros de adoración con becerros de oro, e instituyó una fiesta que sustituyera la Pascua de Jerusalén, fiesta que continuó hasta que el reino del norte cayó en manos de los asirios en el año 722 a.C.

Los asirios obligaron a la mayoría de los israelitas a dejar sus tierras, y los reemplazaron con extranjeros traídos de Mesopotamia, que trajeron sus propios dioses extranjeros y sus costumbres, y combinaron estos elementos con la adoración al Dios verdadero que profesaban los israelitas que aun quedaban en la tierra (2 R 17.24-41). Fue a partir de este sincretismo idolátrico que los samaritanos del primer siglo desarrollaron sus creencias y prácticas religiosas.

Cuando los israelitas comenzaron a regresar a su tierra (en el 539 a.C.), se horrorizaron ante la alianza que los samaritanos habían hecho con los residentes extranjeros, de modo que los judíos repatriados no permitieron que los samaritanos participaran en la reconstrucción del templo en Jerusalén (Esd 4.1-3). Esto agravó la división que había entre los dos grupos (vv. 4,5; Neh 4.1,2), y al final llevó a los samaritanos a edificar su propio templo sobre el monte Gerizim, en Samaria, que posteriormente el líder judío Juan Hircano incendió en el año 128 a.C.

Los judíos se esforzaban por evitar el contacto con los samaritanos, y los tenían por impuros. Ahora es fácil advertir por qué se odiaban tanto.

Jesús tenía dos rutas a escoger. Podía evitar a la odiada Samaria y viajar a Galilea atravesando Perea, o bien podía arriesgarse y cruzar por Samaria. Optó por la segunda (Jn 4.4) ¿Por qué?

¿A qué lugar se dirigió Jesús al llegar a Samaria, y qué significa este hecho? (vv. 5,6; cf. Gn 33.18-20).

⚔ RIQUEZA LITERARIA

Sicar (Jn 4.5): Esta población estaba justo dentro de la parte sur de Samaria, y se extendía entre el monte Ebal y el monte Gerizim.

Hora sexta (4.6): Si se calcula según la costumbre judía, la hora sexta correspondería al mediodía. De acuerdo a la romana, serían las seis de la tarde.

¿Qué lugar de descanso eligió Jesús, y con quién se encontró allí? (vv. 6,7)

¿Qué pidió y cuál fue la respuesta? (vv. 7,9)

⊞ ENTRE BASTIDORES

En la cultura judía del primer siglo, como en la mayor parte del mundo, no se consideraba debidamente a la mujer. Había dos razones por las cuales las samaritanas, en lo que respecta a los prejuicios judíos, estaban aún más abajo en la escala de aceptación. En primer lugar por ser samaritanas, y en segundo lugar por considerarse impuras. Si alguien bebía en un recipiente que pertenecía a una mujer samaritana, se le consideraba ceremonialmente impuro. Jesús pasó por alto estas percepciones y así desafió el fanatismo racial y religioso al que se enfrentaba, ya que los samaritanos estaban también predispuestos contra los judíos.

El intercambio de palabras que siguió entre la samaritana y Jesús va directamente al corazón de lo que Él le ofrece (vv. 10-14). ¿Cuál es su ofrecimiento?

¿Entiende la mujer lo que Él le dice? (vv. 11,12,15)

¿Qué hace Jesús para captar su atención, y a qué conclusiones llega la samaritana acerca de Él? (vv. 16-19)

¿Por qué cree que ella cambia de inmediato el sentido de la discusión para hablar sobre el tema del lugar donde se debía adorar (en el monte Gerizim o en Jerusalén)? (v. 20)

¿Muerde Jesús el anzuelo y se deja arrastrar a la discusión acerca del lugar correcto en el cual adorar? ¿Qué es lo que dice en realidad acerca de la adoración? (vv. 21-24)

Observe cómo reacciona la samaritana a las enseñanzas de Jesús sobre la adoración (v. 25). ¿Cambiaba de nuevo el tema? ¿O expresa sus anhelos? ¿O quizás trata de poner a Jesús en su lugar mediante el recurso de apelar a alguien que creía tendría mayor conocimiento y autoridad que Él? ¿Qué piensa usted?

¿Qué le anuncia Jesús a la mujer samaritana, y de qué manera ella responde a la revelación? (Jn 4.26,28,29)

¿Qué ocurre en Samaria como resultado de su testimonio? (vv. 30,39-42)

⚔ RIQUEZA LITERARIA

Salvador (4.42): Libera, rescata, preserva.

SE NECESITAN SEGADORES DESESPERADAMENTE

Quizás notó que antes que Jesús se encontrara con esta mujer, mientras estaba simplemente sentado junto al pozo tratando de recuperarse de un largo día de camino, «sus discípulos habían ido a la ciudad a comprar de comer» (v. 8). En el momento en que Jesús le revela a la samaritana su carácter mesiánico, los discípulos regresan y lo encuentran hablando con ella. Se quedan mudos de la sorpresa, lo cual le da a la mujer la oportunidad de irse antes que ocurra algún enfrentamiento (vv. 27,28). Tratando todavía de ignorar los tabúes que Jesús había violado, los discípulos finalmente le ofrecieron algo de la comida que habían traído (v. 31). Pero Jesús no los deja escapar. ¿Qué les dice? (vv. 32-38).

Mientras Jesús hablaba con ellos, ¿qué veían los discípulos que se les aproximaba? (vv. 30,35)

Dada la gran animosidad entre judíos y samaritanos, ¿cómo cree que debieron sentirse los discípulos al verse rodeados por sus enemigos, y escuchar que Jesús les mandaba a servirlos?

FE VIVA

No había cabida en la vida de Jesús para los prejuicios, el fanatismo, el odio, para nada que pudiera impedirle llegar a otros con el don de la salvación de su Padre. Tampoco permitía que ninguno de estos factores estorbaran a sus discípulos.

¿Y usted? ¿Se retrae ante oportunidades de ministrar, de relacionarse con otros, o de hacer planes de viajar, etc., simplemente por prejuicio, fanatismo, odio, por algún tipo de rivalidad, o cualquier otra razón inapropiada para los discípulos de Dios? Analícelo aquí, ahora, ante el Señor de la cosecha. Él tiene mucho que llevar a cabo, y quiere que usted se le una y coseche los beneficios. No permita que estas jaulas lo encierren y lo alejen de todo lo que Dios le tiene preparado y de lo que desea hacer a través de usted. Pídale al Espíritu Santo que descubra las áreas inconscientes de prejuicio o racismo, resentimiento o falta de sensibilidad hacia otros.

UNA BIENVENIDA DUDOSA

Después de dos días increíbles en Samaria, Jesús se pone en marcha de nuevo y al fin arriba a Galilea.

¿Cómo responden los galileos a su visita y por qué? (v. 45; cf. 2.13-25)

¿Recibía Jesús este tipo de bienvenida en su región natal siempre? (v. 44; Mc 6.4-6; Lc 4.24-28) ¿Qué sucedió en algunas de esas ocasiones?

A LA DISTANCIA

Desde Galilea, Jesús regresa a Caná, «donde había convertido el agua en vino» (Jn 4.46).

¿Quién se le acerca allí? (v. 46)

¿De dónde viene y qué busca? (vv. 46,47)

¿Qué hace Jesús ante los gritos de aquel hombre? (vv. 48-50)

¿Piensa que Jesús lo trató con aspereza? Sí o no, ¿por qué?

¿Cómo reacciona el hombre ante esto, y qué descubre después que se alejó de Jesús? (vv. 49,50-53)

¿Qué sucede después? (v. 53)

¿Por qué el apóstol Juan registra este acontecimiento? (v. 54)

Lección 6 / Como el Padre, así es el Hijo (5.1-47)

Dios nos creó a su imagen. La Biblia es clara en esto (Gn 1.27; 9.6; Stg 3.9). O sea, nos *parecemos* y *representamos* a nuestro Creador. Al igual que Él, podemos pensar, sentir, elegir, actuar, abstenernos de actuar, desarrollar relaciones con otros, amar y crear. De ese modo nos parecemos a Él. También lo representamos de muchas maneras. Él nos ha dado la administración de la tierra, la autoridad para hacer pactos entre nosotros y con Él, la responsabilidad de ejercer la justicia, gobernar y servir, y el privilegio de ser embajadores al mundo para proclamar el evangelio de Cristo a través del poder de su Espíritu Santo, y para hacer discípulos.

Como nuestro Creador, una de las facultades más grandes que tenemos es la de crear. Podemos darle existencia a cuadros pictóricos, música, teorías, edificios, muebles, fábricas, conceptos, automóviles, trenes, aviones, ropa y elaborar todo tipo de ideas y bienes destinados a beneficiar a la humanidad en alguna manera. Pero también podemos crear algo más íntimo, más valioso todavía, algo de valor eterno, es decir, otros seres humanos. Formamos hijos a nuestra propia imagen (Gn 5.1-3), les ponemos nombres, les damos comida y ropa, los educamos y encaminamos para que puedan repetir el mismo ciclo. Ellos, también, se parecen a nosotros y nos representan. Son semejantes a nosotros y se expresan como nosotros, piensan y hasta sienten como nosotros. Son también portadores de nuestros valores, perspectivas y apellidos. Cuando otros los observan, piensan que nuestros hijos representan lo que somos y hemos hecho. A veces nuestros hijos nos hacen sentir orgullosos; en otros momentos desearíamos echarlos y contratar sustitutos.

Nuestro Padre celestial tiene un Hijo. Es un Hijo eterno que nadie creó, pero es un Hijo idéntico a Él en todo. Su Hijo se le parece y lo representa con total perfección, de modo que el Padre siempre se complace en Él. Por consiguiente, cuando vemos a Jesús, su Hijo, podemos ver al Padre resplandeciendo a través de Él.

Por eso miremos más atentamente a Jesús. Él nos mostrará al Padre que no podemos ver ni tocar.

¿QUIERES SER SANO?

Juan 5 comienza con Jesús en Jerusalén para asistir a una fiesta judía que no se especifica (v. 1). ¿Dónde aparece Jesús y qué sucede? (vv. 2-9)

RIQUEZA LITERARIA

La puerta de las ovejas (5.2): Una de las entradas en el muro que rodeaba la ciudad de Jerusalén. Se encontraba en el muro septentrional de la ciudad (cf. Neh 3.1,32; 12.39).[1]

Betesda (5.2): Significa «lugar de la misericordia» o «casa de la gracia».[2] El estanque de Betesda estaba en realidad formado por piscinas gemelas lo suficientemente grandes como para nadar en ellas. Es posible que en parte se llenaran desde los grandes depósitos de agua de las piscinas de Salomón (que estaban al sudoeste de Belén), y en parte por el agua intermitente que venía de una fuente y que periódicamente agitaba las aguas.[3]

ENTRE BASTIDORES

Las palabras «esperaban el movimiento del agua» (v. 3) hasta el final del versículo 4 no aparecen en los manuscritos del Evangelio de Juan anteriores al año 400 d.C. Por esa razón muchos estudiosos de la Biblia ven esta sección de Juan 5 como una inserción explicativa agregada por algún copista, y no como parte del texto original inspirado por Dios. No obstante, el resto de la narración deja en claro que alguna presencia inusual obraba allí en ciertas ocasiones (v. 7). Aunque tales inserciones han ocurrido a través de los años durante la trasmisión de las Escrituras, no persiguen ningún fin perverso (como tampoco es el caso de la frase explicativa que nos ocupa), y ninguna de ellas afecta alguna cuestión fundamental de la doctrina cristiana.

INFORMACIÓN ADICIONAL

Para obtener más información acerca de cómo se trasmitieron las Escrituras a lo largo de los siglos, incluyendo la forma en que los eruditos pueden determinar qué materiales del texto forman parte del original, le será de ayuda consultar algunas obras de referencia tales como enciclopedias o diccionarios bíblicos.

De todos los que sufrían alrededor del estanque de Betesda que procuraban curarse, ¿por qué cree que Jesús eligió sólo a una persona para curarla?

¿Por qué Jesús le habrá preguntado al paralítico si quería sanarse? (vv. 6,7) ¿Era cruel o superflua su pregunta?

¿De qué manera lo curó Jesús y cuánto tuvo que esperar el paralítico para experimentar la sanidad y la renovación de sus fuerzas? (vv. 8,9).

RIQUEZA LITERARIA

Lecho (5.8): Una estera de paja que se podía enrollar y llevar sobre el hombro.[4]

Los judíos (5.10): A través del Evangelio de Juan esta expresión se refiere básicamente a los líderes religiosos que mantenían una posición antagónica contra Jesús y su ministerio. No se refiere al público judío en general de esa o de cualquier otra época en particular, y no debe entenderse como si connotara un prejuicio social o étnico. Se relaciona con una lucha interna vinculada a la época correspondiente al texto.

¿Qué día curó Jesús a este hombre, y qué problema suscitó el hecho? (vv. 9-16)

¿Qué hizo Jesús después de realizar esa curación? (vv. 13-15)? ¿Por qué?

¿Qué significa el versículo 14? ¿Sugiere la causa de la condición anterior del paralítico? ¿Se refiere a cómo le respondió a Jesús, o a los judíos? ¿O indicará alguna otra cosa?

Tal parece que el hombre sanado traicionó a Jesús (vv. 12,13,15). ¿Está de acuerdo? Sí o no, ¿por qué?

FE VIVA

¿Qué podemos esperar del poder sanador de Dios en nuestros días? Apoye su respuesta en las Escrituras.

¿Conoce a alguien que haya sido sanado sobrenatural-mente como ocurrió con el paralítico? Si es así, relate lo ocurrido; luego deténgase a alabar al Señor por sus promesas de sanidad y por su cumplimiento.

¿Ha habido algún caso en que un ser querido no obtuvo la sanidad? ¿Qué ocurrió? ¿Cuáles fueron sus sentimientos al respecto? ¿Se sintió defraudado, frustrado o enojado con Dios? ¿Todavía lo está? Sea sincero con sus sentimientos y dígaselos al Señor. Él puede controlarlos.

¿SEÑOR, MENTIROSO O LUNÁTICO?

Jesús no fue jamás de los que se echan para atrás, en especial si quería destacar un punto que su auditorio necesitaba urgentemente escuchar y entender. Por eso, en la cara de los que tenían en mente matarlo, Jesús dio a conocer a la gente algunas de las enseñanzas más directas y desafiantes que le habían escuchado decir hasta ese momento.

Exprese con sus palabras la respuesta de Jesús a la acusación que le hicieron en esa oportunidad los judíos que lo criticaban (vv. 16,17).

¿Qué reacción provocó la respuesta de Jesús? (v. 18)

¿Cree que sus críticos comprendieron correctamente la respuesta de Jesús? Sí o no, ¿por qué?

En el pasaje de Juan 5.19-47, Jesús responde a la acusación de que se hacía «igual a Dios» (v. 18). Les da a los judíos varias razones para aceptar esa afirmación de su Deidad. Bosqueje su respuesta abajo, reformulando cada una de las razones que ofrece el Señor como también su argumento con el que las apoya. Aquí Jesús nos dice en qué manera es igual a su Padre.

ARGUMENTOS DE JESÚS A FAVOR DE LA IGUALDAD DIVINA

SUS RAZONES	SUS EVIDENCIAS

En su larga respuesta, Jesús mencionó que la gente podía reaccionar negativa o positivamente a sus afirmaciones, y que, junto a sus respuestas, sobrevendrían las debidas consecuencias. Haga a continuación un resumen de esas respuestas y sus consecuencias.

Negativas (vv. 23,28,29,38-47):

Positivas (vv. 24,25,28,29):

¿Por qué Jesús dedicó más tiempo a las respuestas negativas?

¿Por qué aprovechó esta oportunidad para defender su igualdad con el Padre? (v. 34)

Lección 7/ Grandes señales, palabras duras
(6.1-71)

- Gran maestro de moral
- Defensor de la paz
- Profeta
- Rey sin corona
- Líder de los derechos civiles
- Sanador
- Rebelde
- Fanático
- Lunático
- Mago
- Engañador
- Hijo de Dios

Jesús ha recibido muchos títulos, tanto de amigos como de enemigos. Difícilmente alguien carezca de opinión. Y por buenas razones. La historia no ha conocido jamás a alguien como Jesús de Nazaret. Desde su concepción en el vientre de una virgen, hasta su ascensión al cielo para reinar con su Padre como Señor del universo, la vida terrenal de Jesús ha hecho fruncir ceños y alzar voces, enviar misioneros, formar héroes y mártires, e inspirar algunas de las obras de música, pintura, arquitectura y literatura más excelsas que jamás ha conocido el mundo. Ningún otro líder ha impresionado en medida tan increíble a tanta gente durante tanto tiempo.

Era multifacético y controversial. Al mismo tiempo, se le amaba profundamente y con igual intensidad se le odiaba. A veces su mensaje era tan claro que todos entendían lo que decía. Otras veces, sin embargo, ni siquiera sus seguidores más fieles podían comprenderlo. Su enseñanza iba al grano, era práctica y a menudo difícil de utilizar, y sus milagros no siempre le procuraban un alto nivel de popularidad. Jesús era una figura inquietante.

Juan 6 revela a este Jesús en algunas de sus complejidades. Lo muestra haciendo grandes maravillas, pero también presentando algunas enseñanzas que provocaban conflicto. Tanto sus amigos como sus enemigos tenían que enfrentarse a sus palabras, tal como sucede hoy en día. La verdad produce ese efecto, ¿no es así? Rara vez nos deja tranquilos. No nos acomodemos, vayamos más allá y descubramos lo que nos espera en el sexto capítulo del Evangelio de Juan.

LO PEQUEÑO LLEGA LEJOS

El acontecimiento central en Juan 6 es el que inicia el capítulo. Lea los versículos 1-14 y reformule el hecho con sus propias palabras.

La frase «después de esto» (6.1) equivale a una síntesis de lo que sucedió en Juan 5, ya que el escritor pasa por alto acontecimientos intermedios. Consulte los otros tres Evangelios para ver qué sucedió antes de lo relatado en Juan 6. Busque los siguientes pasajes, y resuma lo que nos dicen en cuanto a los hechos que conducen al relato de la alimentación de los cinco mil.

Marcos 6.14-29

Marcos 6.7-13,30,31

Lucas 9.7-9

¿Cuál era la ubicación geográfica en la que se desarrolló la señal de Juan 6.1-14? (cf. Mc 6.35; Lc 9.10)

RIQUEZA LITERARIA

Tiberias (v. 1): Designada como ciudad capital de la región, edificada por Herodes Antipas en la margen occidental del Mar de Galilea y bautizada en honor a Tiberio el emperador romano. En la época del ministerio de Jesús, este lago quizás no tenía aún el nombre de Tiberias, pero con toda seguridad lo tenía para la época en que Juan, el apóstol, escribió su Evangelio.[1]

¿Por qué una multitud tan grande siguió a Jesús hasta este lugar? (v. 2)

El versículo 3 sugiere que Jesús trataba de alejarse para estar a solas con sus discípulos. ¿Por qué? Los siguientes pasajes le ayudarán a responder esta pregunta.

Mateo 14.1-13

Marcos 6.30-33

Lucas 9.1-11

¿Qué importancia tenía mencionar aquí la Fiesta de la Pascua? (Jn 6.4; Éx 13.3-10; 1 Co 5.7,8)

¿Por qué Jesús usó esta ocasión para «probar» a Felipe cuando ya se sabía lo que iba a hacer? (Jn 6.5,6)

¿Paso la prueba Felipe o algunos de los otros discípulos? (vv. 7-9)

RIQUEZA LITERARIA

Probarle (v. 6): Poner a prueba, explorar, examinar el carácter o la fe de alguien.
Doscientos denarios (v. 7): Aproximadamente ocho meses del salario de un trabajador rural.[2]

FE VIVA

¿Han sido probados su carácter y fe? ¿Cuál fue la prueba?

¿Cómo la soportó? ¿Qué aprendió acerca de Dios y de usted como resultado?

¿A qué conclusiones llegó la multitud debido al milagro que realizó Jesús? (v. 14)

¿Condujo su comprensión de las cosas a una acción apropiada? (v. 15) Sí o no, ¿por qué?

El Evangelio llama a este hecho una «señal» (v. 14). ¿Cuántas y cuáles señales registró el apóstol Juan antes de esta?

¿Por qué piensa usted que, entre todos los milagros que Jesús hizo (excluyendo su resurrección), este es el único milagro que se relata en los cuatro Evangelios? ¿Qué hace de este milagro algo tan significativo?

LA CAMINATA SOBRE LAS AGUAS

Cuando Jesús se alejó de la multitud: «[...] volvió a retirarse al monte Él solo» (v. 15). ¿Por qué cree que no llevó a sus discípulos con Él? ¿Qué pudo haber hecho?

Describa lo que sucedió cuando oscureció y Jesús aún no había regresado adonde estaban sus discípulos (vv. 16-21).

FE VIVA

Cuando usted atraviesa momentos tormentosos, como le ocurre a la mayoría de la gente, es posible que tenga miedo. Quizás procure controlar esos temores echando mano a sus propios recursos. Aunque esto también es normal, no es la mejor manera de hacerlo. Este relato bíblico sugiere una vía mejor. ¿Cuál es? ¿Cómo lo aplicaría para la próxima ocasión que se asuste?

EL PAN DE VIDA

Desde el versículo 6.22 de Juan hasta el final del capítulo, Jesús revela mucho acerca de quién es Él, su misión y de lo que la gente puede recibir de Él. Una de sus revelaciones —«dura es esta palabra»— disminuye significativamente el número de sus seguidores. Esas verdades las brindó a una gran multitud compuesta de cuatro grupos diferentes. Vea si puede identificarlos.

Grupo 1 (vv. 22-26):

Grupo 2 (vv. 41,59):

Grupo 3 (vv. 60,66):

Grupo 4 (v. 67):

El primero le planteó a Jesús cuatro cuestiones. ¿Qué dijeron y qué respondió Jesús? (vv. 25-40). Asegúrese de anotar la identidad del grupo en el espacio disponible abajo del siguiente encabezamiento.

LAS RESPUESTAS DE JESÚS A _____

Asunto 1 (v. 25):

La respuesta de Jesús (vv. 26,27):

Asunto 2 (v. 28):

La respuesta de Jesús (v. 29):

Asunto 3 (vv. 30,31):

La respuesta de Jesús (vv. 32,33):

Asunto 4 (v. 34):

La respuesta de Jesús (vv. 35-40):

La manera en que Jesús trató a este grupo provocó varios interrogantes en la mente de un grupo más pequeño pero muy franco. ¿Quiénes eran, qué asuntos le preocupaban y qué respuestas le dio Jesús?

LAS RESPUESTAS DE JESÚS A _____

Asunto 5 (vv. 41,42):

La respuesta de Jesús (vv. 43-51):

Asunto 6 (v. 52):

La respuesta de Jesús (vv. 53-58):

Una vez más, las respuestas de Jesús crearon un problema a un tercer grupo mucho más allegado a Él.

LAS RESPUESTAS DE JESÚS A _____

Asunto 7 (v. 60):

La respuesta de Jesús (vv. 61-65):

La reacción del grupo (v. 66):

En el versículo 67, Jesús pregunta a esos que se habían reunido a su alrededor. Después que el grupo responde, le lanza otra pregunta significativa, destinada a informar más que a recabar una respuesta. ¿A quiénes se dirige? ¿Qué pregunta o dice? ¿Cómo responden (o el escritor del Evangelio) a Jesús?

LAS PREGUNTAS DE JESÚS A _____

La pregunta de Jesús (v. 67):

Respuesta 1 (vv. 68,69):

La pregunta de Jesús (v. 70):

Respuesta 2 (v. 71):

Antes de seguir adelante, vuelva a leer los versículos 25-71, y registre los «Yo soy», de Jesús; se trata de las palabras que fueron precedidas con la expresión «Yo soy». Luego indique lo que cree que estos dichos expresan acerca de quién es Jesús. En el cuarto Evangelio, todos los dichos que comienzan con «Yo soy» juegan un papel muy importante. Los estudiaremos con más detenimiento en una lección posterior.

SONDEO A PROFUNDIDAD

La fuerte expresión de Jesús es en efecto dura. Las palabras en las que se refiere a comer su carne y beber su sangre han sido interpretadas de múltiples maneras por los cristianos a través de los siglos.

Algunos las ven como una referencia a la eucaristía, o Cena del Señor. Y entre los que lo hacen, se han sostenido cuatro puntos de vista. Uno es la *transustanciación*, y es el que aceptan los católicos romanos. Enseña que el pan y el vino de la eucaristía se convierten de un modo misterioso en el cuerpo y la sangre de Jesús.

Un segundo punto de vista, *consustanciación*, es común entre los luteranos, y sostiene que el cuerpo y la sangre de Jesús están presentes en, con o bajo los elementos eucarísticos del pan y el vino, pero que no se transforman en esos elementos.

La tercera posición es el punto de vista *espiritual*, aceptada por muchos protestantes de la Reforma. Ve la enseñanza de Jesús acerca de la carne y la sangre como algo simbólico o metafórico, indicando que por medio de los elementos de la eucaristía la presencia de Cristo y nuestra unión con Él se manifiestan espiritualmente, no física o materialmente.

El punto de vista del *memorial*, que sostienen muchos protestantes, toma las palabras de Jesús como el equivalente de la Fiesta de la Pascua de los judíos. Ambas comidas, la Cena del Señor y la Pascua, son de recordación, celebradas para que los creyentes recuerden lo que Dios ha hecho para salvarlos, y para que participen por fe en el poder que en la actualidad ofrece la relación del pacto representada por el rito.

Una quinta posición, que sostienen algunos católicos y también algunos protestantes, podría llamarse el punto de vista de la *vía de la salvación*. Propone que las palabras de Jesús sobre comer su carne y beber su sangre son paralelas y que es lo mismo que ver y creer en Él con el objeto de recibir la vida eterna (Jn 6.40). Por consiguiente, desde este punto de vista las palabras de Jesús en Juan 6 no tienen nada que ver con la Cena del Señor; son simplemente otra manera de decirle a la gente cómo se puede salvar. Las interpretaciones varían, pero dado el peso que Jesús dio a estas palabras, deberíamos solucionar la cuestión con discernimiento y sensibilidad espirituales, enfatizando su significado espiritual, como lo hizo Jesús (v. 63).

Quizás a muchos lectores le sirva de ayuda el libro *Worship His Majesty* [Adora a su Majestad], de Jack Hayford, para acercarse a la Mesa del Señor con un concepto, dinámico y contemporáneo, que no cause división.

Lección 8 / A la defensiva
(7.1—8.59)

Hubo una vez un escritor que creó todo un mundo en su imaginación. El paisaje, los colores, olores, espectáculos... absolutamente todo en este mundo imaginario llevaba la marca de sus huellas digitales. Incluso los seres vivos que lo habitaban, grandes y pequeños, lo reflejaban de alguna manera.

Un día, mientras escribía la historia acerca de este mundo, decidió formar parte de ella, por eso se incluyó como una de las criaturas superiores del relato. Pensó que su mundo le daría una alegre bienvenida, puesto que, en primer lugar, era el que lo había creado. Así que llegó con grandes expectativas.

Una vez dentro de su mundo, decidió no hacerse notar por un tiempo, para poder observarlo en primer plano. Parte de lo que vio le agradó mucho. Los árboles, los animales, la vida marítima, el cielo y otros aspectos del mundo natural aparecían aun más hermosos y armoniosos a sus ojos de lo que sus palabras habían descrito. Aquí todo lo había hecho bien. Por otro lado, los seres vivos superiores que había creado —los que llamaba librepensadores— tenían problemas para relacionarse entre sí y con el ambiente que los rodeaba. Es más, tenían entre sí más conflictos que asuntos sobre los cuales pudieran discutir. Esto perturbó al autor, de modo que decidió hacer algo al respecto.

Escogió el momento más adecuado, y se presentó en un prestigioso encuentro de la Alta Sociedad de los Librepensadores. Les dijo que él era el autor del mundo, el que los había creado, y que se sentiría muy complacido de ayudarlos a resolver sus diferencias.

—¡Usted debe estar bromeando! —le dijeron—. ¿Quién se piensa que es?

—Ya se los he dicho —respondió. —Fui quien los creó. Hubo un tiempo en que ustedes eran sólo parte de mi imaginación. Pero les di vida. Tomé papel y lápiz y les di existencia. Ahora, me gustaría crear para ustedes algunas soluciones a sus problemas.

—¡Usted debe estar loco! —le contestaron con un gesto de total incredulidad—. Usted se parece a uno de nosotros, habla como uno de nosotros, pero por cierto, no parece tan inteligente como nosotros. Si lo fuera, no estaría diciendo tantas tonterías.

—Sin embargo, les aseguro que soy quien declaro ser —respondió el autor.

Pero a pesar de las pruebas que les dio, sólo un puñado le creyó, y estos fueron marginados por la Alta Sociedad de los Librepensadores. El mundo creado por el autor lo había rechazado a él y a toda su argumentación.

La situación que vivió Jesús no fue diferente a la de este escritor. Él también creó un mundo con la sabiduría de su mente, y sabía que era bueno. Pero cuando algunas de sus criaturas se desviaron, hizo todo lo que pudo para orientarlos en la dirección correcta. Finalmente, vino a nuestro mundo como un hombre más, de manera que las criaturas libres que Él creó y que se habían desviado pudieran verlo y escucharlo mejor. Pero lo rechazaron. Salvo unos cuantos, los seres libres que había creado no sólo rechazaron su consejo sino que, rechazaron además su persona. Se negaban a creer que era su Creador, sin importar las evidencias que les presentaba.

En los capítulos 7 y 8 de Juan esta situación aparece con dolorosa claridad. Aquí el Hijo de Dios presenta prueba tras prueba de su identidad, pero los que se consideran pueblo de Dios rechazan vez tras vez los argumentos de su Hijo. ¿Es una actitud de voluntaria ignorancia? Sí. ¿Resulta trágico? Sin duda alguna. ¿Sigue ocurriendo en nuestros días? Lamentablemente, sí. ¿Podría estar sucediendo con usted o con alguien a quien ama? Mientras estudia este capítulo, júzguelo usted mismo.

CRECE LA TENSIÓN

Hasta este punto del Evangelio de Juan, Jesús ha provocado reacciones variadas, tanto en el pueblo como entre los líderes religiosos. Imagine por un momento que usted es un crítico cinematográfico, y que Jesús es el protagonista principal en una nueva película sobre su propia vida. Usted desea informar, no lo que piensa acerca de la película y de la actuación de Jesús, sino lo que otros dicen acerca de ella. Por consiguiente, dedica varios días a entrevistar a numerosas personas que han visto la película y que han hablado con Jesús. A partir de la lectura de Juan 16, ¿qué diría en su artículo? Escríbalo aquí tal como lo publicaría.

A partir del capítulo 7 de Juan, cualquier polarización que haya notado en los capítulos anteriores va a aumentar notablemente. Los versículos que aparecen a continuación le ofrecerán algunas indicaciones acerca de la forma en que crece la tensión. Como buen periodista, sintetice objetivamente lo que descubra.

7.1

7.5

7.10-13

7.20

7.25-27

7.30,31

7.32

7.40-44

7.45-52

8.3-6

8.13

8.20

8.30

8.41-44

8.48

8.52,53

8.59

¿Cuál es su impresión general? Basado sólo en la reacción del auditorio hacia Jesús, ¿aprobaría o no su «actuación»? Explique su respuesta.

Ahora detallemos más la perspectiva de Juan 7 y 8.

INCREDULIDAD DE SU FAMILIA

Juan 7 comienza cuando el Hijo de Dios, Jesucristo, evita una región del territorio que legítimamente le pertenece como Creador. ¿Qué región de Palestina evita, y por qué? (v. 1)

Los acontecimientos registrados en Juan 7 y 8 giran en torno a una festividad religiosa judía llamada Fiesta de los Tabernáculos (7.2), o Fiesta de las Enramadas, o Fiesta de la Siega. Para obtener información importante acerca de los antecedentes de esta celebración, lea Éxodo 23.14-16; Levítico 23.33-36,39-43; Números 29.12-38; Deuteronomio 16.13-17.

En ocasión de esta asombrosa fiesta religiosa algunos miembros de la familia de Jesús vienen y se mofan de Él. ¿A qué lo desafían? (Jn 7.35)

¿Por qué Jesús no los complace? (vv. 68)

FE VIVA

Jesús tenía tanta confianza en la voluntad del Padre hacia Él, que podía mantenerse firme ante los desafíos de los incrédulos, aun cuando estos vinieran de sus seres queridos. ¿Cuál sería su actitud? ¿Pasa suficiente tiempo con el Señor, buscando la voluntad de Dios para su vida, de manera que pueda reconocer a qué se debe la incredulidad, sin importar su origen? ¿Es capaz de mantenerse firme ante los desafíos de los que procuran despreciar su fe? Dígaselo al Señor en oración. Siéntase en libertad de expresar por escrito sus pensamientos, o aun de escribir su oración a continuación. El Señor anhela escucharlo.

Quizás haya miembros incrédulos en su familia que no entienden su fe y hasta la ridiculizan. Jesús comprende su dolor. Él también tuvo seres queridos que trataron sus convicciones con desdén.

Admita su sufrimiento delante del Señor. Él anhela consolarlo. Asimismo, recuerde la promesa de la Palabra de Dios (Hch 16.31), y tenga paciencia y perseverancia en actitud de oración plena de alabanza.

UN SECRETO MUY GRANDE PARA ESCONDER

Así que los «hermanos» de Jesús se dirigen a Jerusalén, en Judea, para asistir a la Fiesta de los Tabernáculos, en tanto que Jesús se queda en Galilea (Jn 7.9,10). Pero no se queda allí mucho tiempo. La verdad es que asiste a la fiesta, pero lo hace «como en secreto» (v. 10). ¿Por qué piensa que al final asistió?

Aunque Jesús no llamó la atención cuando llegó a la fiesta, ¿por qué le resultó imposible mantener en secreto su presencia? (vv. 10-13)

¿Qué indicio encuentra de que en realidad no tenía pensado mantenerse oculto durante toda la celebración? (v. 14)

RIQUEZA LITERARIA

Los judíos (7.11,13): Puesto que los asistentes a la Fiesta de los Tabernáculos serían judíos, la frase «los judíos» se refiere específicamente a las autoridades religiosas, mientras que palabras más genéricas tales como «el pueblo», aluden a la población judía en general.

¿Cuál podría ser la importancia de que Jesús se mostrara públicamente en el templo de Jerusalén? (v. 14)

LAS PRIMERAS REACCIONES Y ACUSACIONES

Con el secreto al descubierto y Jesús enseñando en el templo, obtenemos los primeros atisbos de cómo el populacho y las autoridades religiosas reaccionaron ante Él durante la fiesta. ¿Cuál fue la reacción inicial de las autoridades religiosas a la enseñanza de Jesús? (v. 15)

ENTRE BASTIDORES

Por lo general, los discípulos en ciernes estudiaban bajo la dirección de un rabino y memorizaban lo que los maestros judíos le enseñaban acerca de la Ley.[1] Puesto que Jesús no se había educado de esa manera, las autoridades religiosas no podían entender cómo sabía tanto.

¿Cómo explicó Jesús la adquisición de sus conocimientos? (v. 16)

¿Cómo podían los demás verificar sus afirmaciones? (vv. 17,18)

¿Qué hacía tan especial a Jesús? (vv. 18,19)

A la gente no le gustó la respuesta de Jesús, por eso lo acusaron de que tenía demonios (v. 20). ¿Cómo se defendió de esta acusación? (vv. 21-24)

FE VIVA

¿Ha juzgado alguna vez «según las apariencias», en lugar de juzgar «con justo juicio»? (v. 24) ¿Qué sucedió y qué aprendió?

¿Ha vuelto recientemente a juzgar en forma equivocada? Si es así, ¿ha aclarado las cosas con la persona y con el Señor? La reconciliación es muy importante para Dios, por eso debiera serlo también para nosotros (Mt 5.23-26). Planifique ahora cuándo y cómo restaurará la relación.

Resuma el intercambio verbal que se produjo entre el pueblo y Jesús:

La refutación de la gente (vv. 25-27):

La respuesta de Jesús (vv. 28,29):

La reacción mixta (vv. 30,31):

RIQUEZA LITERARIA

Alzó la voz (v. 28): Expresado a viva voz y con emoción intensa, lo cual a menudo se asocia con una declaración solemne (cf. 1.15; 7.37; 12.44).[2]

LA TEMPERATURA AUMENTA

Si las cosas no tenían el calor suficiente, rápidamente se incrementó. La gente se volvía a Jesús, y los líderes religiosos lo veían como una amenaza concreta. Por eso los fariseos y principales sacerdotes «enviaron alguaciles para que le prendiesen [arrestasen]» (7.32). Interprete la respuesta que les dio Jesús (vv. 33,34).

¿Qué pensaron los líderes religiosos de lo que Él quiso decir? (vv. 35,36)

RIQUEZA LITERARIA

Los dispersos (7.35): «Se refiere a los judíos diseminados por el mundo griego. Más tarde, el término también se aplicó a los cristianos dispersos en el extranjero (1 P 1.1)».[3]

Los griegos (7.35): Los no judíos o los pueblos paganos de dicha sociedad, no sólo los nacidos en Grecia o las personas que hablaban griego.

ENTRE BASTIDORES

«Cada día, durante la Fiesta de los Tabernáculos, tenía lugar una alegre celebración en la que los sacerdotes traían agua (símbolo de la que había brotado de la roca según Éxodo 17) al templo, en una vasija de oro, desde el estanque de Siloé. Durante la procesión, la gente recitaba Isaías 12.3. El agua era derramada sobre el altar como una ofrenda a Dios, mientras la gente gritaba y cantaba. Jesús fue el cumplimiento de todo lo que aquella ceremonia tipificaba (véase 1 Co 10.4)».[4]

En el último día de la fiesta, Jesús habló de nuevo a la multitud. ¿Qué dijo, y qué significan sus palabras? (vv. 37-39)

¿Qué acontecimiento profetiza Jesús, puesto que este pasaje apunta a un tiempo posterior a su muerte, resurrección y ascensión? ¿Cuándo cree que se derramaron los «ríos de agua viva» de su profecía? ¿Sería adecuado comparar este pasaje con Hechos 2.1-39?

Jesús también usa la figura del «agua» en Juan 4. Haga una comparación observando las diferencias entre el «pozo» o la «fuente» que satisface la sed de la persona y los «ríos» que fluyen de una persona llena del Espíritu Santo cuando sirve y ministra a otros.

FE VIVA

Desde su punto de vista, ¿hay alguna implicación de la comparación de estos pasajes con la necesidad de estar satisfechos del conocimiento de Cristo, y también llenos del Espíritu y rebosantes de Cristo? Escriba lo que siente en respuesta a esos pensamientos.

¿Cómo reaccionó la multitud a las palabras de Jesús? (Jn 7.40-44)

CONFUSIÓN DE LAS AUTORIDADES

El complot se complica en Juan 7.45-53. Aquí vemos desde adentro cómo piensan los líderes religiosos acerca de Jesús, lo cual dista mucho de ser una opinión unánime. Analice estos versículos, y extraiga la esencia de su riqueza mientras responde las siguientes preguntas.

¿Quiénes asisten a esa reunión de la alta jerarquía?

¿Qué opiniones expresan respecto a Jesús?

¿Qué le sugieren las palabras de Nicodemo respecto a su actitud hacia Jesús?

UN TIRO QUE SALIÓ POR LA CULATA

Después que terminó la Fiesta de los Tabernáculos, la gente volvió a sus hogares, pero Jesús se dirigió al monte de los Olivos (7.53—8.1). ¿Qué importancia tenía este lugar?

Zacarías 14.3,4

Mateo 21.1-5

Mateo 24.3

Mateo 26.29,30

Lucas 19.36-40

Lucas 22.39-53

A la luz de estos pasajes, ¿por qué cree que Jesús decidió pasar la noche en ese monte?

A la mañana siguiente, Jesús regresó al templo a enseñar (Jn 8.2). Mientras enseñaba, ¿qué ocurrió y cómo resolvió la situación? (vv. 3-11)

FE VIVA

Es muy fácil condenar el pecado ajeno mientras ignoramos el nuestro. Jesús no sólo condenó esa práctica en este momento, sino que también en otra oportunidad habló de esto con palabras muy duras (cf. Mt 7.1-5).

Considere cómo trató Jesús a la adúltera y a la multitud que la condenaba tomando la justicia por su mano, y aplíquelo a su situación. Pídale al Señor que le ayude a ver su situación con claridad; luego sea leal a lo que le revele, y sensible al modo en que quiere que usted resuelva esa situación. Le aguarda gracia y misericordia si se muestra vulnerable ante Él.

LA DEFENSA VA A TERMINAR... PERMANENTEMENTE

Desde Juan 8.12 hasta el final del capítulo, Jesús presenta su defensa ante una serie de acusaciones, interpretaciones erradas y cuestionamientos, que llamaremos *cargos*. Resuma los cargos presentados contra Jesús, sus respuestas, las acciones del pueblo y las del Señor. Luego exprese su propio veredicto: ¿Pudo Jesús defender su caso o no?

Primera afirmación de Jesús (v. 12):

Primer cargo (v. 13):

Respuesta de Jesús (vv. 14-18):

Segundo cargo (v. 19):

Respuesta de Jesús (v. 19):

Segunda afirmación de Jesús (v. 21)

Tercer cargo (v. 22):

Respuesta de Jesús (vv. 23,24):

Cuarto cargo (v. 25):

Respuesta de Jesús (vv. 25-29):

Acción de Jesús (v. 30):

Tercera afirmación de Jesús (vv. 31,32):

Quinto cargo (v. 33):

Respuesta de Jesús (vv. 34-38):

Sexto cargo (v. 39):

Respuesta de Jesús (vv. 39-41):

Séptimo cargo (v. 41):

Respuesta de Jesús (vv. 42-47):

Octavo cargo (v. 48):

Respuesta de Jesús (vv. 49-51):

Noveno cargo (vv. 52,53):

Respuesta de Jesús (vv. 54-56):

Décimo cargo (v. 57):

Respuesta de Jesús (v. 58):

Acción de los judíos (v. 59):

Acción de Jesús (v. 59):

Su veredicto:

RIQUEZA LITERARIA

Antes que Abraham fuese, yo soy (8.58): Jesús declara que antes que naciera Abraham, el padre de la nación de Israel, Él existía eternamente como Dios. Jesús adopta y se aplica el nombre más sagrado de Dios, tal como se le reveló a Moisés (Éx 3.14). El nombre *YHWH* («YO SOY EL QUE SOY») es una declaración acerca de la propia existencia eterna, autónoma, que no se creó. Dios no ha sido creado por nadie ni nadie puede quitarle la existencia. Él está siempre. Punto. Debido a que Jesús hizo esta afirmación, las autoridades judías procuraron apedrearlo por la blasfemia.

FE VIVA

¿Qué descubre al leer acerca de este diálogo entre Jesús y las autoridades religiosas?

¿Qué aplicación podría sacar de eso?

¿Qué comenzaría a hacer en esta semana? No olvide pedir al Espíritu Santo que lo ayude a hacer sus planes y a llevarlos a cabo.

Lección 9 / Cuando los ciegos ven y los que ven están ciegos (9.1—10.39)

Es algo asombroso. Se le puede explicar a un niño pequeño por qué no debe cruzar una calle muy transitada o tocar una estufa caliente, y aunque incluso dé muestras de haber comprendido, hará lo que le advirtieron que no hiciera. Luego, cuando le pregunte por qué lo hizo, responderá: «No sé», en un tono que uno duda si le entendió cuando se lo dijo.

Lo más sorprendente de este fenómeno es que no finaliza en la adolescencia. Se le puede explicar a un hijo adolescente por qué debiera esforzarse en las tareas escolares, o practicar más el instrumento musical, o elegir mejor sus amistades, y dar explicaciones con una increíble claridad y convicción, pero si no quiere aceptar lo que se le dice, no lo hará. Y cuando se le pregunta por qué no siguió el consejo, ofrecerá la misma respuesta infantil: «No sé». O, más sofisticado aun: «Sencillamente, no quería hacerlo». Pero si se le pregunta el porqué, quizás volverá a escuchar ese «no sé».

¿Se supera esta condición en la edad adulta? ¡No! Si algo aporta la edad adulta, es un nivel más absurdo todavía en las respuestas. Nos volvemos expertos en encontrar justificativos para eludir las buenas razones y las claras explicaciones acerca del porqué aceptar o rechazar determinadas ideas, puntos de vista o comportamientos. Por supuesto, como adultos hemos superado la etapa del «no sé». En cambio repetimos las preguntas, dando la impresión de que nunca oímos o entendimos lo que en realidad ya se nos había dicho varias veces. O, mejor todavía, damos «razones» por las que no hemos aceptado lo que se nos dijo, aunque no tenemos verdaderos argumentos para apoyar nuestro punto de vista. O, más que eso, reunimos a nuestro alrededor un grupo de personas que aceptan lo que decimos; pero a la mayoría la hemos engañado de todos modos, de manera que sólo saben lo que nosotros sabemos, y eso al fin y al cabo es erróneo. ¿Por qué no decimos, simplemente: «No quiero hacerlo» o «Me niego a creerlo»? ¿Por qué no nos limitamos a ser sinceros respecto al tema? Hay muchas respuestas posibles para estas preguntas, pero la más directa es también la más acertada: con frecuencia, no somos sinceros con nosotros mismos porque nuestros pecados nos han cegado a la verdad. Muchas veces nuestra vida se ha construido sobre la negación, el rechazo, las mentiras y las justificaciones, a tal punto que llegamos a perder de vista lo que es verdadero. No podemos vernos con claridad nunca más, así que con toda seguridad no veremos claramente a los demás tampoco. Nos convertimos en ciegos que conducen a otros ciegos, y con demasiada facilidad somos presas del error de arrogantemente acusar de ceguera a otros que ven mejor que nosotros.

Jesús entró en contacto con personas iguales a nosotros. A los que estaban dispuestos a reconocer que eran ciegos, les dio vista. Pero a los que se negaban a que los guiara, los abandonó a su ceguera. ¿Quiere usted ver? Quizás ni siquiera sepa que hay cosas que no es capaz de ver, pero lo cierto es que a todos nos ocurre. De manera que, antes de proseguir la lectura, entre en la presencia de Dios por medio de la oración, y pídale al Espíritu Santo que actúe en su vista espiritual mientras estudia este capítulo. Luego, cuando el Espíritu le muestre lo que usted ha estado procurando encubrir durante tanto tiempo, no cierre los ojos. En lugar de ello, pídale al Señor que le dé fortaleza para mirar de frente el asunto y para depender de Él a fin de que lo ayude a tratar la cuestión con sinceridad y dignidad. Al Señor le encanta responder a esta clase de plegarias.

UN MILAGRO PARA DAR LA VISTA

Cuando Jesús escapó para no ser apedreado, «vio a un hombre ciego de nacimiento» (Jn 9.1). Al ver a este hombre los discípulos le hicieron una pregunta a Jesús (v. 2). ¿Qué revela esta pregunta respecto al concepto que tenían acerca del origen de las incapacidades físicas?

ENTRE BASTIDORES

Los discípulos de Jesús no eran los únicos en sus creencias acerca de la causa de los impedimentos físicos. Algunos textos judíos de esa época enseñaban que el alma de una persona podía pecar en un estado preexistente (Sabiduría 8.20). Muchos creían que una criatura podía tener sentimientos estando aún en el vientre de su madre, incluso sentimientos pecaminosos (cf. Gn 25.22; Lc 1.41-44). Se ha extendido la creencia de que los pasajes de Éxodo 20.5 y 34.6,7 enseñaban que nuestros propios descendientes serían castigados por nuestros pecados. Los discípulos simplemente querían que Jesús les resolviera esta cuestión teológica en relación con el caso de este ciego.[1]

Lo que Jesús respondió a sus discípulos no resuelve el interrogante teológico. Es más, Jesús no dice nada acerca de lo que ocasionó la ceguera de este hombre. Lo único que dice es lo que se puede hacer a través de este caso. ¿Y cuál es ese caso? (Jn 9.35)

FE VIVA

Es muy fácil para nosotros especular en relación a los motivos del sufrimiento ajeno. ¿Qué camino mejor preparó para nosotros la respuesta de Jesús a sus discípulos con relación a esto?

¿Cómo sanó Jesús a este ciego? (vv. 6,7)

¿Tuvo el ciego alguna seguridad de Jesús que, si seguía sus instrucciones, sería sanado?

¿Qué nos dice esto acerca del papel de la fe en este milagro?

¿Qué relación ve entre este milagro y la declaración de Jesús en el versículo 5?

¿Cuál fue la reacción del hombre sanado y la de los que lo conocían personalmente a esta señal? (vv. 8-12)

UN INTERROGATORIO CIEGO

Como podría esperarse, la increíble curación de este hombre motivó una investigación y un interrogatorio inmediatos por parte de —ya lo habrá adivinado— los fariseos, que eran los legalistas que imperaban en la época (v. 13). ¿Por qué tenían tanto interés en este hombre? (vv. 14-16)

Cuando empezó el interrogatorio, ¿qué divisiones provocó entre los fariseos el testimonio inicial de este hombre? (v. 16)

¿Cuál fue la primera conclusión de este hombre acerca de Jesús? (v. 17)

Al no recibir las respuestas que esperaban, los fariseos intentaron racionalizar el milagro. ¿Qué explicación dieron y cómo intentaron probarla? (v. 18)

¿Pudieron mantener su argumento después de interrogar a los padres del hombre sanado? (vv. 19-23) ¿Qué ocurrió?

¿Qué pasó cuando llamaron de nuevo al hombre sanado? ¿Se retractó de su primer testimonio o lo sostuvo con más énfasis aún? Fundamente su respuesta con el texto bíblico (vv. 24-33).

Incapaces de sostener su argumentación, ¿qué hicieron los fariseos? (v. 34) ¿Cambiaron su punto de vista? ¿Se arrepintieron? ¿Pidieron disculpas?

VISIÓN VERDADERA VS. CEGUERA VERDADERA

¿Qué sucedió entre Jesús y el hombre sanado después del interrogatorio de los fariseos? (vv. 35-38)

¿Con qué propósito vino Jesús a este mundo? (v. 39)

(Nota: Recuerde que el «juicio» de Dios es el don de la *salvación* para los que confían en Él, pero es también la condenación para los que lo rechazan. El juicio, como en el caso de una sentencia judicial, puede obrar en cualquiera de las dos direcciones.)

Cuando algunos de los fariseos acertaron a oír las palabras de Jesús, le preguntaron con cierta arrogancia si les estaba sugiriendo que eran a la verdad ciegos (v. 40). Después de todo, eran los maestros estrictos de la Ley. Si alguien conocía la verdad, eran ellos. La respuesta de Jesús es muy penetrante (v. 41), aunque a primera vista resultaba enigmática. «Jesús llevó la discusión del plano de una ceguera física al de una ceguera espiritual. Creer en Jesús significa ver espiritualmente, en tanto que los que no creen en Él permanecen ciegos»,[2] atrapados en la oscuridad de su propio pecado.

EL CAMINO DEL PASTOR

Jesús no terminó allí. Continuó hablando a los fariseos, pero ahora a través de imágenes pastoriles, en lugar de la comparación entre la ceguera y la capacidad de ver. Los fariseos conocían bien la ilustración del pastor. Esta figura se usa a lo largo de todo el Antiguo Testamento. Busque los siguientes pasajes para entender mejor con qué relacionarían los fariseos las palabras de Jesús: Génesis 49.24; Salmo 23.1; 80.1; Isaías 40.10,11; 56.9-12; Jeremías 23.1-4; 25.32-38; Ezequiel 34.

En la alocución a los fariseos, Jesús se identifica con dos de los símbolos que menciona: Él es la «puerta de las ovejas» (Jn 10.7,9) y el «buen pastor» (vv. 11,14). La primera imagen abarca los versículos 1-10, y se contrasta con la figura del ladrón. La segunda abarca los versículos 11-18, y se opone a la del obrero asalariado o contratado. Teniendo presente esta estructura del pasaje, complete el cuadro a continuación, resumiendo lo que Jesús dice de sí como la puerta de las ovejas y el buen pastor, en oposición al ladrón y al obrero asalariado.

LA PUERTA DE SALVACIÓN
(vv. 1-10)

LA PUERTA DE LAS OVEJAS	EL LADRÓN

EL PASTOR SALVADOR
(vv. 11-18)

EL BUEN PASTOR	EL ASALARIADO

¿Cómo reaccionaron los fariseos a las enseñanzas de Jesús? (vv. 19-21)

FE VIVA

¿Qué aplicaciones para la vida puede extraer de las enseñanzas de Jesús en los versículos 1-18?

PALABRAS SENCILLAS Y PIEDRAS MORTÍFERAS

Entre Juan 7.1—10.21 y la confrontación que se registra en 10.22-39 hay un período de casi dos meses. El marco de la primera de estas referencias es la Fiesta de los Tabernáculos, que se celebraba en octubre. La celebración religiosa que ocupa el centro del segundo pasaje es la Fiesta de la Dedicación, que tenía lugar en diciembre.

ENTRE BASTIDORES

«La Fiesta de la Dedicación, hoy conocida como el Hanukah, tuvo su origen en la liberación y rededicación del templo bajo el liderato de los macabeos en el año 165 a.C., tras haber sido desacralizado por el monarca seleucida Antíoco Epífanes».[3]

Una vez más Jesús entró al área del templo en Jerusalén, pero esta vez, mientras sólo caminaba por el lugar, los judíos lo rodearon en un intento de evitar que escapara (vv. 23,24). ¿Qué querían saber? (v. 24)

¿En qué ocasión anterior le plantearon el mismo asunto? Vuelva hacia atrás en el Evangelio para encontrarla.

¿Qué les respondió Jesús? (vv. 25-30)

¿Cómo reaccionaron las autoridades judías y por qué? (vv. 31-33)

Dada la interpretación que sus enemigos dieron a sus palabras, Jesús tuvo una oportunidad perfecta para corregirlos si se trataba de un error de comprensión. Pero no lo hizo. En lugar de eso, les dio un argumento que apoyaba aun más su declaración de ser uno con el Padre. Veamos más de cerca la defensa.

Primero, Jesús cita el Salmo 82.6 (Jn 10.34). El salmo no habla acerca de dioses falsos y tampoco deifica al ser humano. ¿De qué se ocupa? Lea el salmo completo en más de una versión. ¿Quiénes son los «dioses»?

Segundo, en Juan 10.35,36, Jesús argumenta que puesto que las Escrituras no pueden ser quebrantadas (anuladas o invalidadas) y que se refieren a determinadas personas como dioses, ¿dónde está el problema en que Él se proclame como Hijo de Dios, puesto que específicamente tiene una relación especial con el Padre? ¿Cuál es esa relación?

Tercero, Jesús está dispuesto a basar toda su defensa de su unidad con el Padre en el hecho de que sus obras milagrosas verifican esa unidad (vv. 37,38). En otras palabras, si es falsa esa unidad que Él afirma tener con Dios, ¿cómo podían explicar su capacidad para curar la ceguera congénita con sólo colocar saliva y barro sobre los ojos del enfermo, o hacer que los inválidos caminen o convertir el agua en vino? Por lo demás, si tales actos son en realidad sobrenaturales, ¿quién entonces aparte del Padre puede ser su fuente? ¡Su Hijo, obviamente!

¿Cómo respondieron los judíos al argumento de Jesús? (v. 39)

Una vez más, Jesús escapa de la trampa.

DONDE LOS CIEGOS VEN EN REALIDAD

Después que Jesús sale de Jerusalén, ¿hacia dónde se dirige? (v. 40; cf. 1.28)

¿Qué dicen los versículos 41 y 42 acerca del ministerio de Juan el Bautista?

Después de la confrontación, el engaño, la hipocresía y las diatribas que Jesús enfrentó en Jerusalén, ¿cómo piensa que se sentiría cuando la sencilla gente de campo creía en Él por fe?

FE VIVA

¿Y qué de usted? ¿Está su fe basada en el cumplimiento de determinadas fórmulas, tradiciones o prácticas religiosas, en complacer a determinadas personas, obedecer ciertos códigos morales o en cualquier otra cosa u obligación? Si la seguridad y las convicciones no están afianzadas en el trino Dios (Padre, Hijo y Espíritu Santo), si alguien pretende llegar al cielo, alcanzar la perfección o la madurez espiritual por otra vía, está absolutamente equivocado. La fe comienza y se sostiene eternamente sólo en el Señor. Nada ni nadie más es suficiente. ¿Hay algún área de su vida en que esta dependencia total de Jesucristo necesite ser cimentada? No deje de aclarar este asunto con Jesús hoy mismo.

Lección 10/ Dar vida y predecir la muerte
(10.40—12.50)

Para ganar es preciso perder.
Para gobernar es preciso servir.
Para recibir es preciso pedir.
Para aprender obediencia es preciso sufrir.
Para vivir es preciso morir.
Para morir es preciso elegir la vida.

A primera vista estas afirmaciones pueden parecer absurdas, paradójicas, contradictorias, ilógicas. Pero cuando las examinamos con profundidad, descubrimos que son perfectamente coherentes. Jesús lo demostró con su propia vida.

Él renunció a la gloria celestial con el fin de recuperarla y ampliarla con la glorificación de hijos espirituales como usted y yo.

Siendo Señor de todos, se hizo siervo ejemplar para todos.

Su ministerio terrenal hizo posible el establecimiento de su Iglesia, pero eso no hubiera sido posible sin las innumerables horas que pasó en oración en la presencia de su Padre.

Como Hijo del Hombre, aprendió que la etiqueta del precio de la obediencia tiene escrito sufrimiento por todas partes.

Jesús sabía que el preludio para tener acceso al disfrute de la bienaventuranza eterna con el Padre, era esa separación temporal del cuerpo mediante la muerte.

También comprendió que al consagrarse a servir al Padre en su vida, tendría que morir.

A Jesús no le eran ajenas las duras realidades de la vida. Las afrontó, se abrió paso a través de ellas y siempre procuró que el bien fuese su resultado. Sin embargo, no fue estoico frente a ellas. Le impactaron; le conmocionaron sus sentimientos, su compasión, ira, amor. Veremos este hecho acerca de Él con más claridad en

Juan 11 y 12. Descubriremos cómo Jesús da vida mediante la muerte, pero no sin que broten lágrimas e ira. También lo veremos proclamado Rey de Israel, mientras se prepara para morir a manos de los líderes judíos. Y, si observamos atentamente, descubriremos en Él la forma en que nosotros podemos resolver las «paradojas» de la vida y salir victoriosos, aun cuando parezca que el mundo nos ha vencido para siempre.

CUANDO LA MUERTE PRECEDE A LA VIDA

Juan 11 comienza con las malas noticias que le trajeron a Jesús. ¿Cuáles eran esas noticias y quién se las envió? (vv. 1-3)

¿Qué hizo Jesús cuando recibió estas perturbadoras noticias? (Jn 11.4-6) ¿Por qué hizo esto?

Cuando Jesús anunció que quería regresar a Judea para «despertar» a Lázaro (vv. 7,11,14,15), ¿cómo reaccionaron los discípulos? (vv. 8,12,13,16) ¿Qué les preocupaba? ¿Eran justificados sus temores?

FE VIVA

El cronograma de Dios rara vez coincide con el nuestro, porque Él generalmente quiere hacer algo tan grande en nuestras circunstancias que ni siquiera nos pasaría por la mente. Jesús pudo haber ido a Betania y sanar a Lázaro cuando todavía estaba enfermo, pero el Padre tenía otro plan en mente. Quería mostrar, por medio de su Hijo, que Él tenía autoridad sobre la muerte, no sólo en las enfermedades. Y al hacerlo, el Padre sería glorificado, también lo sería su Hijo, y generación tras generación encontraría vida eterna en lugar de muerte eterna por medio del único Salvador que puede garantizar tan increíble don.

¿Qué respuestas espera usted de Dios? ¿Podría ser que la demora estuviese motivada no sólo por su bien sino por el de incontables personas más? ¿No será que logrará mucho más obrando a su modo y en su tiempo que del modo en que lo haría usted? Medite con cuidado en esto, y deposite toda su confianza en Él, pidiéndole que responda según su voluntad. ¡Luego, prepárese! Su respuesta y momento le sorprenderán.

CUANDO LA VIDA VENCE A LA MUERTE

En el momento en que Jesús llegó cerca de Betania, o ahí mismo, se enteró de que ya hacía cuatro días que Lázaro, su querido amigo, había muerto (v. 17). Antes de llegar a la casa de Lázaro, Marta corrió a recibirlo (v. 20). Relate el diálogo que se produjo entre ellos (vv. 21-27).

Según su parecer, ¿cómo se habrá sentido Jesús ante los comentarios iniciales de Marta? ¿Cómo le hubieran afectado a usted?

FE VIVA

¿Alguna vez lo han acusado de haber producido una crisis o una tragedia por no haber actuado con suficiente rapidez? Haya sido o no su culpa, seguramente se sintió mal en esa situación, ¿verdad? Jesús sabe cómo se sintió usted. A Él también lo culparon amigos muy queridos por haber dejado morir a alguien a quien amaba.

Si usted nunca le confió a Jesús el dolor que le produjeron esas heridas, hágalo ahora. Él quiere consolarlo con brazos comprensivos.

ENTRE BASTIDORES

Marta creía que Lázaro iba a resucitar «en la resurrección, en el día postrero» (v. 24), esta creencia era muy común en el judaísmo del primer siglo. Casi todos en el mundo de los judíos (con excepción de los saduceos, Mt 22.23; Mc 12.18) aceptaban la idea de que cuando el mundo se acabara toda la humanidad resucitaría de entre los muertos, los incrédulos para recibir la condenación divina y los creyentes para la bendición divina (Sal 16.8-11; 73.23-26; Is 26.14; Dn 12.1-4). Pero la idea de que ocurriera la resurrección de un individuo aislado en el curso de la historia, antes de llegar el fin del mundo, les era totalmente extraño. Por consiguiente, la confesión de Marta de que Jesús era el Mesías divino no significa que creía que Jesús resucitaría a Lázaro antes de la finalización de la era. Lo que Jesús hizo finalmente fue una sorpresa aun para ella.[1]

Cuando Marta se apartó de Jesús, María salió a verlo (vv. 28-30). ¿Quiénes la siguieron? (vv. 31,33; cf. v. 19)

¿Qué hizo María cuando vio a Jesús? (v. 32)

¿Cómo reaccionó Jesús ante esta escena? (vv. 33-35)

¿Qué impresión produjo su reacción entre los presentes? (vv. 36,37)

FE VIVA

Sea usted hombre o mujer, quizás tenga problemas al expresar sus emociones. Tal vez tenga temor de lo que otros pudieran pensar, o a lo mejor creció en un hogar en el que las emociones no podían expresarse, sólo se reprimían. Cualquiera que sea la razón, debe comprender que Jesús no veía nada malo en permitir que todos vieran sus sentimientos profundos. Recuerde, Él fue quien creó en usted la capacidad de sentir. Las emociones son buenas. No tiene por qué esconderlas.

Juan 11.38-57 registra lo que Jesús hizo después y cómo reaccionó la gente al milagro, y lo que Él hizo finalmente.

ENTRE BASTIDORES

El concilio que se reunió para analizar el caso de Jesús era el Sanedrín (véase p. 47). Caifás, que era yerno de Anás (Jn 18.13), era el sumo sacerdote que lo presidió entre los años 18 y 36 d.C. Un saduceo, que vio a Jesús como una amenaza para Judea. Si la gente trataba de proclamar a Jesús como el Rey-Mesías, Roma vendría sobre la nación y la destruiría. Por eso Caifás insta hacia la política conveniente: sacrificar a Jesús por el bien de la nación. No obstante, sin saberlo, la decisión de procedimiento de Caifás era profética. Sin dudas que la muerte de Jesús sería beneficiosa para la nación, pero no para su preservación física, sino para su salvación espiritual.

FE VIVA

¿Cómo se siente en relación a la muerte?

¿Le ayuda el relato de la resurrección de Lázaro a analizar mejor la muerte? ¿Por qué?

¿Dé qué manera puede el hecho de que Jesús es nuestra garantía de resurrección y vida eterna ayudarnos a consolar a quienes padecen enfermedades terminales, o que sufren por la muerte de un ser querido?

UNGIDO ANTES DE SER SEPULTADO

Seis días antes de una nueva celebración de la Pascua en Jerusalén, Jesús sale de Efraín y regresa a Betania. ¿Con quiénes se reúne y qué ocurre? (12.1-9)

RIQUEZA LITERARIA

Nardo (12.3): «Un valioso y fragante aceite sacado de las raíces secas de la planta herbácea conocida como nardo. Desde el siglo I d.C., se la importaba directamente desde la India en envases de alabastro. Por su alto costo, el nardo se utilizaba sólo en ocasiones muy especiales».[2]

Trescientos denarios (12.5): Aproximadamente equivalente al salario de un año.

FE VIVA

¿Qué posesión valiosa estaría dispuesto a sacrificar como ofrenda de amor a Jesús? ¿Cuándo y cómo renunciará a ella? Recuerde, no se trata de una exigencia legalista; una ofrenda así debe nacer de un corazón agradecido. Por lo tanto, ofrende sólo si desea hacerlo, y hágalo con un profundo sentido de gratitud por el precioso don que el Padre le ha dado en su Hijo y en el Espíritu Santo.

Inmediatamente después de este acontecimiento, se nos dice que la vida de Jesús no era la única que corría peligro. ¿Quiénes más han sido anotados en la lista de los líderes religiosos, y por qué? (vv. 10,11)

TRIUNFO Y TRAGEDIA

Cuando Jesús finalmente se acercó más a Jerusalén, los peregrinos que se habían congregado allí para la Pascua se apresuraron a recibirlo (v. 12; cf. 17,18). ¿Qué ocurrió cuando lo aclamaron? (vv. 13-15,19)

¿Comprendieron los discípulos de Jesús la importancia de lo que estaba sucediendo? (v. 16)

☐ ENTRE BASTIDORES

Debido a los milagros que Jesús realizó, en especial la resurrección de Lázaro de entre los muertos, la gente estaba extasiada al ver que Él acudía a la Pascua. Muchos habían llegado a creer que era el Mesías esperado; pero el Mesías que buscaban era un Mesías político, un poderoso Rey-Guerrero que los condujera en la lucha contra sus enemigos, obteniendo la victoria y recuperando la independencia de la nación. Colocar ramas de palmera en el camino delante de Jesús era un gesto que simbolizaba su nacionalismo y su sensación de que la victoria era inminente. Exclamar *hosanna*, que significa «dígnate salvar» o «salva ahora» (cf. Sal 118.25), y aclamarlo como «el que viene» y «el Rey de Israel», sirvió sólo para reiterar su convicción de que Jesús entraba en la ciudad de Jerusalén como el Salvador político que esperaban.[3]

Sin dudas que lo ocurrido a continuación confundió a los que esperaban un Mesías diferente al que era Jesús. Relate lo que sucedió con sus propias palabras (vv. 20-36).

¿Cómo explica el autor del Evangelio las percepciones erróneas que la gente tenía de Jesús? (vv. 37-41)

¿Qué fue lo que finalmente dijo Jesús a gran voz ante la multitud, incluso a los que habían creído en Él, pero guardaban silencio por temor o por orgullo? (vv. 42-50)

FE VIVA

Aun en medio de semejantes interpretaciones erróneas, ¿se rindió Jesús, lo dio todo por terminado y se volvió a casa?

¿Qué podemos aprender del ejemplo de Jesús acerca de cómo enfrentar la incredulidad pertinaz, los conceptos erróneos acerca del cristianismo e incluso a una fe cobarde?

Lección 11/ El poder del Siervo (13.1—14.14)

Todos conocemos personas que tienen poder: presidentes, legisladores, empleadores, pastores, maestros, magnates comerciales, empresarios, inventores, padres y hasta algunos niños. La mayoría de las personas poderosas que nos rodean aman su poder; se encaprichan con la influencia que ejercen sobre otras personas, políticas, teorías, propiedades... cualquiera que sea lo que luchan por controlar.

Jesús era también una Persona poderosa. Cualquiera que pueda crear un universo de la nada, sostenerlo por el poder de su palabra y modificarlo como le plazca tiene un poder superior a nuestros sueños más audaces. Por supuesto, esas actividades corresponden a la deidad de Jesús. ¿Qué de su humanidad? ¿Cómo mostró y ejerció poder como hombre? La respuesta es fascinante.

Jesús sometió su poder al Padre. Su sujeción fue tan completa, que pudo afirmar que nada de lo que hacía, enseñaba o decía procedía de Él. Todo lo que hacía, lo hacía con la orientación y autorización previas del Padre. ¿Era necesario sanar a un paralítico o a un ciego? No había problema, siempre que el Padre diera el visto bueno. ¿Convertir el agua en vino o resucitar a un hombre de entre los muertos? Si el Padre se lo ordena, Él lo haría. ¿Decirle a la gente que Él es uno con el Padre, aunque les produzca enojo? Sí, siempre que el Padre se lo indique. (Tome nota de Juan 5.19,30; 7.16; 8.28,29, donde encontrará ejemplos.)

¿Qué clase de poder es este? El poder más grande del mundo: *poder de siervo*. Es un poder que nunca se puede emplear mal porque sólo obedece al Padre. Siempre logrará lo que se propone, porque Dios lo respalda hasta el final. Sólo produce bien, porque Dios, que es la personificación del bien, es su fuente, sostén, guía y meta. Jamás puede ser tiránico, porque su fuente es Dios; y Él siempre está motivado por un amor perfecto, porque eso es exactamente lo que Él es. Nunca puede ser derrotado, porque nada hay en el universo que pueda competir con efectividad con la todopoderosa fuente de poder. Y Jesús disponía de ese poder en medida tal que nadie tuvo antes ni después. Él era el Siervo por excelencia; no tiene igual.

¿Cómo podemos conectarnos con el poder que tenía Jesús? Hay un solo medio: la manera de Jesús, que es la misma del Padre. En Juan 13.1—14.14 encontramos la mayor parte de los fundamentos de este poder, mientras que en Juan 14.15—16.33 se nos habla acerca del Consolador o Ayudador que necesitamos para que el poder del siervo sea una realidad efectiva en nuestra vida diaria.

En este capítulo, vamos a comenzar donde Jesús lo hizo, con lo esencial.

EL CONOCIMIENTO DE LA VOLUNTAD DE DIOS

Recuerde el marco. Jesús entró a Jerusalén cinco días antes de la Pascua en medio de los vítores de los que pensaban que había venido a librarlos de la opresión romana (Jn 12.1,12,13). Jesús sabía que habían puesto precio a su cabeza, pero de todas formas vino y predicó el evangelio.

De acuerdo al inicio de Juan 13, la Fiesta de la Pascua todavía no había empezado, pero Jesús sabe dónde tiene que estar. ¿Qué sugiere esto en el pasaje? (vv. 1-3)

Jesús conocía la voluntad del Padre. A través del Evangelio encontramos indicios que lo demuestran. ¿Qué otros pasajes podría citar?

FE VIVA

¿Conoce la voluntad de Dios? ¿Pasa suficiente tiempo con Él, escuchando Su voz dentro de su ser, estudiando su Palabra escrita, buscando el consejo de hombres y mujeres piadosos? Dios no quiere escondernos su voluntad, pero le es difícil encontrar personas que sepan cómo escuchar. Si no está seguro de cómo escuchar, pídale a Dios que le enseñe. Él está más que dispuesto.

COMPROMISO

El segundo aspecto esencial del poder del siervo se encuentra también en Juan 13.1. Además de lo que Jesús sabía, ¿qué hacía?

¿Qué otras cosas apoyan esta afirmación en el cuarto Evangelio? Trate de mencionar cuatro o cinco evidencias.

FE VIVA

¿Cómo evalúa su dedicación a otros? ¿Es segura, incluso en las crisis? ¿Saben los familiares cercanos y de su familia extendida que usted los apoyará, no importa qué suceda? ¿Lo saben sus amigos? ¿Su iglesia local? ¿Sus colegas? ¿Qué debería profundizar en función de su compromiso con los demás? Aunque le resulte duro, es posible que obtenga respuestas más objetivas a estas preguntas si se las hace a algunas de las personas más allegadas en cada uno de esos grupos. Recuerde, todos tenemos puntos débiles.

HUMILDAD

El tercer factor esencial lo encontramos en un acto que llevó a cabo Jesús durante la última cena con sus discípulos, la noche antes de ser ejecutado. ¿Qué hizo? (vv. 4-11)

¿Qué enseñaba ese gesto? (vv. 12-17)

FE VIVA

¿Cuál es su cociente de humildad? ¿Cuán dispuesto está a humillarse para hacer cosas que considera que están por debajo de su categoría? ¿Puede cumplir tareas detrás del escenario, o exige siempre ocupar un lugar prominente? ¿Es capaz de realizar tareas ingratas, y no sólo las que brindan grandes alabanzas? Jesús dijo que las bendiciones vienen en el hacer, no en el simple conocer (v. 17). ¿Está dispuesto a echar a un lado su persona y en primer lugar servir a otros por amor a Cristo? Descúbrase ante el Señor. Déjele que se ocupe de su soberbia.

VALOR

Otro elemento básico del poder del siervo se describe en una de las secciones más dramáticas de las Escrituras. Lea los versículos 18-30. Póngase en el lugar del Señor. Jesús dedicó más de tres años a transformar la vida de sus doce discípulos, sabiendo que llegaría el momento en que uno de ellos traicionaría su confianza, le escupiría a la cara sus enseñanzas y lo entregaría en manos de sus enemigos. Observe lo que dice Jesús, cómo lo dice, las emociones que le brotaban y cómo los demás discípulos estaban desorientados, incluyendo el autor del Evangelio, Juan (el discípulo «al cual Jesús amaba», v. 23). Anote sus reflexiones.

FE VIVA

Lo que Jesús hizo requería enorme valentía. Sin intentar ponerse a salvo ni echarse atrás, puso en marcha el proceso de la traición. ¿Por qué? Para que la voluntad del Padre pudiera cumplirse, y de esa forma sus discípulos pudieran alcanzar una fe más firme en Él como el anunciado Dios-Hombre mesiánico (vv. 18,19).

¿Puede servir con esa clase de osadía? ¿Está dispuesto a sacrificarlo todo —tiempo, energía, planes, anhelos, sueños, finanzas, posesiones, relaciones y hasta su propia vida— por el Señor y su obra, si Él así lo quiere? ¿Aceptaría incluso que lo traicionaran por el bien del reino? Derrame ante el Señor sus temores, preocupaciones, todo lo que se interponga en su camino para evitar que le sirva con desprendida valentía y decisión. Permítale obrar en su corazón de manera que aumente su valor para servirle.

AMOR

Una vez más es el Maestro el que da el ejemplo y nos llama a imitarle. ¿Qué dice Jesús en los versículos 31-35, en esencia?

FE VIVA

Los sentimientos pueden acompañar al amor, pero no se deben confundir con la clase de amor que Jesús nos tiene y el que quiere que tengamos unos por otros. El amor del cual habla, *el amor ágape,* es sacrificial, incondicional, constante, se autoperpetúa, siempre busca el bien de la otra persona. En las Escrituras, la mejor descripción la encontramos en 1 Corintios 13.4-8.

Considere cada una de las características del amor que se describen allí y analice cómo compararlas con su amor. El propósito de este ejercicio no es provocar sentimiento de culpa en usted, sino mostrarle cómo es en realidad el amor de siervo. Sea sincero ante el Señor para que pueda obrar mejor en su vida.

EL AMOR DEL SIERVO ES...	MI AMOR ES...
Sufrido	
Benigno	
No tiene envidia	
No es jactancioso	
No se envanece	

No hace nada indebido

No busca lo suyo

No se irrita

No guarda rencor

No se goza de la injusticia

Se goza de la verdad

Todo lo sufre

Todo lo cree

Todo lo espera

Todo lo soporta

Nunca deja de ser

RECONOCIMIENTO DEL MOMENTO JUSTO

En respuesta a lo que Jesús dijo en Juan 13.33, Pedro hace algunas preguntas que Jesús no se apresura a contestar (vv. 36-38). Resuma tanto las preguntas de Pedro como las respuestas de Jesús.

Pregunta 1:

Respuesta 1:

Pregunta 2:

Respuesta 2:

FE VIVA

Hay tres formas en que usted podría dejar pasar el momento apropiado: llegar temprano, tarde o no llegar. El auténtico poder del siervo procura ser usado en el momento justo; no se apresura, no se retrasa, no se oculta.

¿Se encuentra tratando de apurar un poco el momento adecuado de Dios? ¿O descubre que Dios es el que lo insta a apurar el paso? ¿O está como Adán y Eva en el huerto del Edén, tratando de esconderse completamente de Dios?

Jesús estaba siempre en el centro de la voluntad del Padre. Sabía cuándo su hora no había llegado tanto como cuándo llegaba. Este conocimiento y esta aceptación del tiempo oportuno de Dios es lo que mantenía a Jesús en un ritmo constante y efectivo.

Si eso es lo que usted anhela, Dios está más que dispuesto a ayudarlo a experimentarlo. Sólo tiene que pedirlo. Esto es consecuente con su voluntad, de modo que estará contento de responder a su oración.

CREER EN CRISTO COMO DIOS

Si bien los discípulos de Jesús habían estado con Él, observando sus milagros, escuchando su enseñanza, recibiendo lecciones privadas de teología y de vida, y presenciando personalmente cómo llevaba a la práctica su compasión y sus convicciones, aun así no llegaban a comprender por completo lo que necesitaban saber. De manera que, una vez más, Jesús volvió a hablar acerca de quién era y qué había venido a hacer.

Resuma el diálogo que tuvo lugar en Juan 4.1-11.

FE VIVA

Creer en Cristo como Dios es el fundamento de todos los fundamentos. Si esa afirmación es falsa, también lo es el cristianismo. Si es verdadera, y por cierto que lo es, Jesús es «el camino, y la verdad, y la vida», y fuera de Él no hay manera alguna de llegar al Padre. ¿Está usted absolutamente seguro de esta verdad? Si no lo está, el poder que caracteriza al siervo seguirá siendo difícil de encontrar en su vida.

Escriba aquí lo que cree acerca de Cristo. Si tiene dudas, pídale al Señor y quizás a algunos amigos entendidos, que lo ayuden a resolverlas. Esto es decisivo. No lo postergue.

SEGURIDAD DE APOYO

El último elemento básico del poder del siervo aparece en los versículos 12-14. ¿Qué dice Jesús aquí?

FE VIVA

Jesús nos ayudará a hacer mayores obras que las que Él hizo, manifestando su inmutable poder como respuesta a la oración. Esa es nuestra confianza. Él prometió que no nos dejaría abandonados a nuestros propios recursos. Podemos contar con los de Él, que son ilimitados.

¿Cuenta con esta increíble promesa y privilegio? ¿Procura conocer la voluntad de Dios, entonces pídale que la cumpla? Dios ha prometido que no dejará de responder a esa oración; el eco del «¡sí!» divino es constante a través de los altibajos de nuestra vida. Haga una lista de las áreas en las que le gustaría empezar a ver «obras mayores» llevadas a cabo por el poder del Espíritu Santo.

Ahora, si no lo ha hecho, ¿por qué no se compromete hoy a hacer de la oración una práctica cotidiana? Busque al Señor. Discierna su voluntad. Luego ore por el cumplimiento

de los propósitos divinos. Después, observe cómo Él dice:
«¡Sí!», tanto que sus oraciones producen «mayores obras»
de acuerdo a su Palabra.

Un vistazo al futuro

Luego de autoanalizarse frente a los aspectos básicos, ¿se siente incompetente para la tarea? ¿Le parece que nunca podrá satisfacer los requisitos fundamentales, de modo que el poder de siervo nunca será parte de su experiencia? Si contestó sí, no sólo ha sido sincero, sino que está en lo cierto. Estos requerimientos esenciales están por encima de las posibilidades de cualquiera de nosotros... SI intentamos lograrlos con nuestras fuerzas. Como verá, en realidad el poder del siervo es un don, no una adquisición. Y hay una sola manera de recibirlo: a través de Cristo. En primer lugar debemos creer que Él es el Hijo de Dios, el Salvador del mundo, nuestro Libertador, y debemos poner toda nuestra confianza en Él. Entonces, y sólo entonces, Jesús suplirá todo lo demás que necesitamos en la persona de aquel a quien llamó el Ayudador. Esta persona es el Espíritu Santo, la tercera persona de la bendita Trinidad. Él es el que nos capacita para vivir como siervos; sin Él, nuestros intentos de servicio pueden ser pálidas imitaciones del verdadero servicio. Él es la clave final, el poder clave, y nosotros aprenderemos más acerca de esta persona en el próximo capítulo.

Por lo tanto, no se desespere. Dios nunca nos ordena hacer algo sin darnos también la capacidad para obedecerlo. Y, en este caso, nuestra habilidad está garantizada por la omnipotencia del Espíritu Santo.

Lección 12 / El Ayudador divino (14.15—16.33)

- «Ni me imagino cómo hacer este problema de matemática. Mamá, ¿podrías ayudarme?»
- «Si mi jefe me ofende una sola vez más, voy a renunciar. No necesito sus críticas, sino su ayuda».
- «Mi esposo no es como muchos otros esposos que conozco. Realmente comparte la carga del hogar. Si no lo hiciera, creo que provocaría una gran tensión a nuestro matrimonio, pues los dos trabajamos fuera».
- «Mis dos hijas aman el sóftbol. Pero la menor progresa más rápido y ya empieza a ser un poco mejor que su hermana mayor, porque su entrenador hace trabajar más al equipo y, al mismo tiempo, sabe cuándo hacer un alto y felicitarlas por lo que han logrado. En una ocasión mi hija mayor dijo que desearía que su entrenador se pareciera más al de su hermana. Yo también lo quisiera».

Todos necesitamos que nos ayuden. Desde nuestra concepción, dependemos de una cantidad incalculable de personas para que nos provean alimento, refugio, vestimenta, seguridad económica, educación, empleo, entretenimiento, comprensión y crecimiento espirituales... prácticamente todo lo que necesitamos en la vida. A veces vivimos con el mito de que podemos llegar a ser totalmente independientes, descansando sólo en nuestras habilidades para obtener y hacer lo que queremos. Sin embargo, en realidad somos cualquier cosa menos independientes; y eso nunca lo podremos cambiar. Nadie puede existir solo o sin ayuda; los ayudadores nos rodean a cada paso. Por supuesto, podemos recibir una mala ayuda, o ignorarla o abusar de la ayuda que recibimos; pero sin mucho auxilio, nadie jamás lograría hacer algo.

Por cierto que es muy probable que usted recuerde al menos a una persona que le ayudó alguna vez a evitar que se derrumbara totalmente, o que lo estimuló para que concretara algo o llegar a ser algo o alguien que creía que estaba fuera de su alcance. Quizás fue un entrenador o un profesor de música que le hizo practicar hasta que la destreza se hizo mecánica, y le permitió alcanzar niveles superiores de los que antes apenas hubiera podido soñar. O quizás fue su padre o su madre, que nunca dejaron de creer en sus posibilidades, aun cuando se daba por vencido. Quizás la persona que lo ayudó era alguien de su misma edad o un amigo que le ofreció un refugio seguro donde soñar, llorar y encontrar consuelo y nuevas fuerzas. Puede señalar la persona que quiera, porque sin dudas ella también tuvo ayuda, es decir, personas que lo cobijaron bajo sus alas y le dieron lo que necesitaba para levantar vuelo.

Dios sabe que necesitamos ayudadores; así nos creó (cf. Gn 2.18-24). Fuimos creados para necesitar de otros y también de Dios. Y por medio de su Hijo, el Padre nos provee el Ayudador más grandioso, confiable, poderoso, sabio y dotado que jamás hayamos tenido o podamos llegar a tener: el Espíritu Santo. ¿Pero cómo es el Espíritu Santo? ¿De qué manera puede ayudarnos? ¿Cómo puede llegar a formar parte vital de nuestra vida? En Juan 14.14—16.33 lo encontramos y ese es el pasaje que vamos a explorar en este capítulo.

Pero avanzaremos de una manera diferente en este pasaje de las Escrituras. En lugar de considerar los versículos en el orden en que están, vamos a enfocarlos temáticamente. Esto nos permitirá abordar de manera más sistemática la enseñanza que contienen.

OTRO AYUDADOR

Jesús, durante la Última Cena con sus discípulos la noche anterior a su muerte, habló extensamente acerca de «otro Consolador [Ayudador]». Considere lo que dijo acerca de este Ayudador en Juan 14.16-18,25,26; 15.26; 16.5-15. Estos pasajes revelan mucho acerca de dicha persona, e incluyen información acerca de su naturaleza, su obra entre creyentes e incrédulos, su relación con el Padre y el Hijo, así como con cristianos e inconversos, el momento en que llegaría, y cómo puede ser conocido y recibido. Anote a continuación, en la columna de la izquierda, sus descubrimientos. Luego, en la de la derecha, registre las observaciones que desee. Esos comentarios pueden ser preguntas, puntos de aplicación, observaciones o cualquier otra cosa que le venga a la mente. El propósito es interactuar con el texto, dejar que la Palabra le hable y a la vez responder a ella. Recuerde que la Palabra de Dios es viva y eficaz, no muerta e impotente (Heb 4.12); por lo tanto déle la oportunidad de dialogar con usted. Esa conversación sólo le ayudará.

EL ESPÍRITU SANTO Y YO

MIS DESCUBRIMIENTOS	MIS COMENTARIOS

14.16-18

14.15,26

15.26

16.5-15

RIQUEZA LITERARIA

Rogar (14.16): En el original, pedido hecho de igual a igual, a diferencia de la palabra que se traduce *pedir* en 14.13,14, donde se trata de un pedido hecho de uno inferior a otro superior.[1]

Otro (14.16): Distinto, pero de la misma naturaleza. El Espíritu Santo es una persona diferente a Cristo, pero es tan plenamente Dios como lo es Cristo.

Consolador [Ayudador] (14.16): Un auxiliador, abogado, defensor, amigo en la corte, consejero, consolador, alguien que ayuda a llevar una carga pesada.[2]

Mora con... en (14.17): Esta distinción destaca la diferencia entre la manera de obrar del Espíritu Santo en el Antiguo Testamento y a partir de Pentecostés. Durante la época del antiguo pacto, el Espíritu Santo estaba a disposición y

presente en algunos creyentes para determinados propósitos
y sólo temporalmente (Jue 3.10; 6.34; 11.29; 13.25; 1 S 16.14;
Sal 51.11). Bajo el nuevo pacto que Jesús introdujo con su
muerte, resurrección y ascensión, el Espíritu mora para siempre en todos los creyentes desde el momento en que confie-
san su fe (Ez 36.27; Ro 8.11; 1 Co 6.19; 12.13). Por lo tanto,
si dan la bienvenida a la plenitud del Espíritu, los creyentes
reciben Su poder para el ministerio, servicio, obediencia y
santificación (Ro 8.4).

Huérfanos (14.18): Los que quedan sin los que lo prote-
jan o cuiden. Cristo volvería temporaralmente a sus discípulos
después de su resurrección (Jn 14.19); pero de manera
permanente por medio de la presencia y el ministerio del Ayudador prometido, el Espíritu Santo.

Procede (15.26): Sale de, enviado de. El Espíritu Santo
viene del Padre a través del Hijo.

Convencer (16.8): En este contexto, el Espíritu Santo lleva el mundo a juicio y presenta evidencias convincentes que
prueban la culpabilidad del mundo ante Dios en tres sentidos:
(1) su negativa a creer en Cristo, lo cual muestra la gravedad
de su pecado; (2) su negativa a aceptar a Cristo como el
modelo perfecto de justicia, aun cuando su ascensión al Padre
y la aceptación del Padre lo vindican como el justo eterno;
(3) su negativa a aceptar su responsabilidad ante el juicio
inminente, e inevitable debido a que su gobernante espiritual,
Satanás, ya ha sido juzgado y condenado por Dios.

FE VIVA

Aquí hay abundante material de aplicación, pero vamos
a concentrarnos en sólo tres puntos clave que se destacan.

Primero, Jesús dijo que Él oraría. Sí, se acercaría al Padre como a un igual, pero en su humanidad iba a depender
de la oración para que se conociera su petición. ¿Cómo es
su vida de oración? ¿Ora diariamente, algunas veces a la
semana, sólo en crisis, o en el templo? ¿Cuál es su compromiso de oración? ¿Acerca de qué ora? ¿Se concentra en sus
necesidades o en las de su familia inmediata? Si el Hijo del
Hombre necesitaba orar, ¡cuánto más nosotros! A continuación escriba acerca de su vida de oración, y anote cómo la

puede mejorar y nutrir. La oración es esencial en la vida cristiana.

Segundo, por el amor de Cristo se nos dio el Espíritu Santo para nuestro beneficio. ¿Cómo demuestra su gratitud por ese hecho? ¿Oye al Espíritu? ¿Le habla? ¿Le obedece? ¿Encara cada nuevo día con su poder y sabiduría? ¿Qué papel le permite realizar al Espíritu Santo en su vida diaria? ¿Usa cada día su ayuda «orando en el Espíritu Santo» (Jud 20)? ¿Es necesario que Él crezca y usted mengüe? Exprese aquí sus reflexiones, quizás incluso en una oración dirigida al Espíritu. Él espera poder oírle.

Tercero, la tarea del Espíritu Santo es convencer al mundo; ese no es nuestro trabajo. No necesitamos hacer que la gente se sienta mal, culpable, pecadora, responsable, o cualquier otra cosa semejante. El Espíritu Santo es perfectamente capaz de ocuparse de esa tarea. Nuestra labor es la de llevar las buenas nuevas, decirle a la gente cómo encontrar ayuda para resolver su culpabilidad. El Espíritu de verdad es el que se ocupa de las malas noticias. Y es mejor así. ¿Quiénes somos, tan pecadores como cualquiera, para condenar a otros y señalarles sus pecados? Esto podría hacer que parezcamos soberbios, es más, podríamos empezar a creernos mejores que otros pecadores. No es así. Somos pecadores que podemos decirles a otros dónde encontrar perdón. ¡Esa es la gran noticia!

¿Cómo habla del evangelio? ¿Como un compañero de lucha o como juez y jurado? ¿Agita usted un dedo acusador o extiende una mano misericordiosa? Cerciórese de mejorar el enfoque y la actitud con que actualmente da testimonio y reflexione sobre qué puede hacer para mejorar ambas cosas, dejando que el Espíritu Santo haga su trabajo mientras usted hace el suyo.

AMOR OBEDIENTE

Jesús también habló mucho acerca del amor en Juan 14.15, 21-24; 15.9-14,17. Cuando los lea, conteste las siguientes preguntas. Quizás descubra algunas cosas sorprendentes acerca del amor.

¿Quién es amado y por quién?

¿Cómo se ejerce el amor?

¿Qué produce el amor?

¿Qué Amante y relación de amor deben ser nuestro modelo?

¿Cómo sabemos si el amor no está presente?

FE VIVA

¿Qué impresión le produjeron esos versículos por lo que dicen acerca del amor? ¿Cómo podría resultar su amor diferente?

LA FUENTE ESENCIAL

Una de las secciones más famosas de la conversación de Jesús con sus discípulos durante la Última Cena se refiere a un labrador, una vid, sus pámpanos y su fruto. Lea Juan 15.1-8 y anote lo que descubre acerca de cada una de estas metáforas, su significado e importancia.

LA VIÑA

EL LABRADOR	LA VID	LOS PÁMPANOS	EL FRUTO

ENTRE BASTIDORES

La vid es una de las figuras que usa el Antiguo Testamento para describir a Israel (Sal 80.8-16; Is 5.1-7; Jer 2.21; 5.10; 12.10; Ez 15.1-8; 17; Os 10.1). Cuando Jesús usa esta metáfora en el Evangelio de Juan, lo hace para identificarse como el verdadero Israel, el que cumple lo que la nación de Israel dejó de hacer.

FE VIVA

Cuál es su relación con la Vid? ¿Está en realidad consagrado a ella o sólo se limita a jugar a su alrededor?

¿Cómo es su relación con Jesucristo? Puede medirla por el fruto que se manifiesta, y su semejanza a Cristo mediante la obra del Espíritu Santo. Busque Gálatas 5.16-26 y considere lo que dice acerca de las obras de la carne y el fruto del Espíritu. ¿Cuáles caracterizan su experiencia y hasta qué punto? Recuerde, no se trata sólo de pensar en la conducta externa y en los logros, sino también en las actitudes internas, las motivaciones, los pensamientos y las creencias.

Si descubre que no produce la abundancia de fruto que debiera producir, no se preocupe. Fructificar lleva tiempo; es un proceso, y Dios está comprometido a que usted lo lleve a cabo. Su tarea es permanecer en Cristo, mantenerse a su lado sin importar lo que ocurra, procurando obedecerle por medio del poder del Espíritu Santo. El Espíritu se ocupará de lo demás.

ALGO MÁS QUE ORACIÓN

Lo que Jesús dice acerca de la oración en Juan 14.13,14, lo amplía en 15.7,14-16, pero con un énfasis diferente. En Juan 14, el enfoque es la seguridad de que nuestras oraciones serán contestadas siempre que se hagan en el nombre de Cristo (es decir, de acuerdo a su propósito y voluntad). En Juan 15, sin embargo, el enfoque está en la relación entre el que ora y Cristo. ¿Qué dicen esos versículos acerca de esta relación y su importancia para nuestras oraciones?

POR QUÉ LE OCURREN COSAS MALAS AL PUEBLO DE DIOS

Jesús también habló sobre el odio y la persecución. Nunca nos dijo que la vida cristiana estaría exenta de dolor o conflicto; al contrario, nos advirtió que estas cosas sucederían porque nos identificamos con Él, la Luz, y el mundo que abraza la oscuridad no puede tolerar la Luz y lucha en su contra, tratando de opacarla. Nos guste o no, somos combatientes, y la batalla es inexorable y violenta.

Observe lo que dice Jesús al respecto (Jn 15.18-25; 16.1-4), resuma lo que piensa sobre el tema.

FE VIVA

Sin duda que el pueblo de Dios sufrirá persecución a causa de su devoción a Cristo, esto es indiscutible. La historia demuestra la veracidad de esa afirmación, y si su experiencia aún no se lo ha probado, es indudable que lo hará, al menos si está firme con Cristo, y da fruto por medio de su Espíritu.

¿Ha sufrido por su compromiso con Cristo? Primera de Pedro se escribió expresamente para creyentes que enfrentaban persecución. Dedique tiempo a leer completa esa gran epístola. Le proveerá consejos útiles y consuelo a los que con toda seguridad querrá volver una y otra vez. Anote con toda libertad los pensamientos que deseará recordar cuando se vea acosado por la persecución.

EL SEÑOR QUE REGRESA

Varias veces a través de esta sección del Evangelio de Juan, Jesús habla acerca de su ida y su retorno. Busque esos versículos y sintetice lo que dicen en el espacio que sigue. Cerciórese de indicar lo que cree que Jesús dice; o sea, lo que significan sus palabras. Observe también lo que Jesús dice que dará a los creyentes durante su ausencia física.

14.16-21

14.22-31

15.26,27

16.5-28

RIQUEZA LITERARIA

Judas (14.22): No es el discípulo que traicionó a Jesús, sino el hermano de Jacobo (cf. Lc 6.16; Hch 1.13).

El Padre mayor es que yo (14.28): Esto no contradice otras afirmaciones de Jesús sobre que Él es igual con el Padre en deidad; más bien reafirma que «ni el enviado es mayor que el que le envió» (13.16). Jesús sirve como mensajero del Padre y debe rendirle cuentas de cómo ha llevado a cabo su misión.

FE VIVA

La resurrección de Jesús es el acontecimiento más extraordinario y de gozo en toda la historia bíblica. Demuestra la victoria de Cristo sobre el pecado, la muerte y Satanás. Si añadimos a esto su ascensión a los cielos para gobernar con la autoridad del Padre hasta que todo el poder de sus enemigos haya sido totalmente vencido, advertiremos que si estamos del lado de Jesús, estamos definitivamente del lado vencedor, dotados del poder prometido de su Espíritu y de poderosas razones para esperar Su victoria día a día.

En el último capítulo de esta guía de estudio, nos concentraremos en la resurrección de Jesús con más detalles, pero teniendo en cuenta lo que este dice sobre el tema en este pasaje del Evangelio de Juan, ¿qué aplicaciones puede sacar para su vida? Sea lo más concreto posible.

PROFECÍA Y PAZ

Los discípulos hicieron ciertas observaciones (vv. 29,30) a raíz de las últimas palabras de Jesús en Juan 16.25-28. ¿Qué dijeron?

¿Cómo reaccionó nuestro Señor? (vv. 31,33)

FE VIVA

Al considerar estos últimos versículos, ¿qué descubrió como más pertinente para su situación?

Lección 13 / La oración de toda la vida
(17.1-26)

Pedir es algo muy simple. Empieza con una necesidad o un deseo de algo que no podemos satisfacer o preferiríamos no hacerlo. Luego, buscamos la persona o personas que lo pueden hacer realidad, y nos acercamos a ella con el requerimiento. Este acto puede realizarse de muchas maneras: una cena a la luz de las velas, un paseo en automóvil bajo la luna, una reunión de trabajo, una pesquería, una excursión por la montaña, un juego de azar o de fuerza física. Después de decidir el lugar y el método, se hace la petición.

La mayoría de las peticiones conciernen a nosotros mismos. Queremos saber si nuestros deseos se pueden cumplir. La segunda gran área se refiere a las personas que realmente nos importan. Por lo general, no vamos más allá, a menos que, por supuesto, se trate de pedir por la satisfacción de las necesidades de alguna causa que valoramos y que con frecuencia son muy especiales porque pasó algo en nuestra vida o en la de nuestros seres queridos que nos llevó a simpatizar con ellas.

Créalo o no, la manera de pedir de Jesús era similar a la nuestra. Él también pedía para satisfacer sus necesidades y deseos, y quería que las personas que amaba y sus causas favoritas se beneficiaran también. Pero las diferencias más grandes entre sus peticiones y las nuestras son: (1) Sus ruegos siempre eran conforme a la voluntad del Padre, anhelando hacer exactamente lo que el Padre quería; (2) sus peticiones se centraban siempre en los demás, aun cuando lo beneficiaran a Él, motivadas por el irresistible deseo de beneficiar primero a otros. Jesús pedía de la manera más perfecta, sabia, benevolente, generosa.

Pero lo más increíble es esto: ¡Jesús pedía! El Señor de todas las cosas, el que sostiene el universo, el Creador y Dueño de todo cuanto existe... pedía. Se colocó en la posición más humilde, la de una persona necesitada, dependiente, y pedía como nosotros. Al hacerlo, elevó el acto de pedir a un nuevo nivel de dignidad y santidad. Esta actividad sencilla, humilde y común es ahora especial, incluso sagrada. O al menos puede ir más allá de lo que jamás pudiéramos imaginar.

El pasaje más largo en el que aparece una petición de Jesús se encuentra en Juan 17. A excepción de una breve introducción, su petición ocupa todo el capítulo, y adopta la forma de una oración a su Padre celestial. Como veremos, esta es la oración de toda una vida. Encierra no sólo lo que Jesús consideró más importante, sino lo que también deberíamos considerar nosotros. Nuestras peticiones nunca serán erróneas si se enfocan con esta oración. Jesús ora según la voluntad del Padre. Esa es una garantía segura de que Su oración será contestada. Si queremos que Dios responda nuestras peticiones, debemos orar conforme a su voluntad. Así que descubramos qué es esto. Jesús nos los mostrará, y su Espíritu lo grabará en nuestro corazón. Los que tienen oídos para oír, oigan.

LA DIRECCIÓN

Algunas personas oran sentadas, otras de rodillas, algunas paradas, mientras otras se postran. La posición no es tan importante como la dirección. ¿Dónde busca el cumplimiento de su oración? Jesús no puso en duda la dirección de su oración. ¿Qué dice el pasaje sobre esto? (17.1)

FE VIVA

No importa si al orar cierra los ojos o los mantiene abiertos, o mira un cuadro, un paisaje o el piso. Lo que cuenta es hacia dónde mira para encontrar al Señor. Si alguien mira a la naturaleza porque ve a Dios difundido a través de ella como un vapor que llena un recipiente, ¡ese no es el Dios que Jesús conocía! Tampoco el estilo de oración de Jesús era buscarlo en la siquis, la voluntad o las emociones. Para nuestro Salvador el Padre al que oraba estaba, y está reinando en los cielos, engalanado de un glorioso esplendor. Ese es el Dios que Él buscaba.

¿Qué concepto tiene de Dios? ¿Dónde lo busca?

¿Ve al Dios al que usted ora como Jesús lo vio?

LA INTIMIDAD

Lea todo el capítulo 17 de Juan, marcando los títulos que Jesús usó para referirse a Dios. ¿Cuáles son? ¿Qué le dicen acerca de la relación de Jesús y el Padre?

RIQUEZA LITERARIA

Santo (17.11): Separado de todo lo que sea pecaminoso, contaminado y vulgar.

Justo (17.25): Que es cabal y recto (cf. Sal 119.137; Jer 12.1).

FE VIVA

Romanos 8.14-17 nos dice que, en Cristo y por medio del Espíritu Santo, podemos disfrutar los privilegios de hijos que Jesús tuvo, incluyendo la rica y amorosa intimidad. Si hasta ahora no se ha acercado al Señor con esa clase de confianza, trate de hacerlo ya. Él quiere que usted se le acerque como un niño inocente.

EL ENFOQUE

¿Por quiénes oraba Jesús, y en qué orden? Las siguientes referencias se lo dirán.

17.1-5

17.6-19

17.20-26

FE VIVA

¿Qué consecuencias tendría el enfoque de Jesús sobre el suyo cuando ora?

LAS PETICIONES

En esta oración, Jesús hizo seis peticiones a su Padre, y cada una añadió una razón, un propósito, una meta. Procure identificarlos analizando los siguientes versículos.

LAS PETICIONES DE JESÚS

SUS PETICIONES	SUS RAZONES
17.1-3,5	
17.11	
17.15,16	

17.17-19

17.20,21

17.24

FE VIVA

¿Qué le dicen estas peticiones acerca de los anhelos y las motivaciones de Jesús? ¿De qué maneras puede aplicar esta información a su vida de oración?

LOS INFORMES

Jesús nunca olvidó que estaba en una misión de su Padre. Utilizó esta oración para notificar sus logros y el estado del trabajo en esa misión. En otras palabras, no sólo pedía, también informaba. ¿Qué dijo?

LO QUE JESÚS DIJO

LO QUE YA SE HA HECHO	LO QUE SE ESTÁ HACIENDO	LO QUE SE IBA A HACER

17.4

17.9-11

17.12

17.13

17.14

17.18

17.19

17.20

17.22,23

17.25,26

FE VIVA

Si tuviera que informar al Padre, ¿qué le diría? ¿Qué ha hecho para Él? ¿Qué está haciendo para Él? ¿Qué más quiere hacer? Hable con su Padre acerca de estas cosas. Él espera escucharlo.

Lección 14/ De la tumba a la gloria (18.1—21.25)

Pregúnteles a algunos inconversos el porqué los cristianos creen en la vida después de la muerte, y preste atención a sus respuestas. Aunque sus convicciones de la existencia después de la muerte varíen desde la incredulidad declarada hasta la certeza absoluta, lo que creen acerca de esa vida, y el porqué lo creen lo dejará pasmado.

Muchos incrédulos creen que los fantasmas evidencian que hay vida más allá de la tumba. Para ellos, esa clase de vida es aún terrenal, pero sin cuerpo ni peso. Uno puede aparecer y reaparecer a voluntad, flotar a través de objetos sólidos, y deslizarse por el aire; pero su hogar sigue siendo la tierra.

Otros piensan que las teorías de la reencarnación son la mejor explicación. Nacemos, vivimos, morimos, luego volvemos y repetimos el ciclo quizás cientos de miles de veces. Podemos regresar como animales o humanos, mendigos o multimillonarios... todo depende del equilibrio de nuestras buenas y malas acciones en cada vida. ¿Qué evidencias hay de todo esto? La forma más popular consiste en recurrir a la memoria: la persona viva tiene recuerdos que corresponden a detalles de la vida de la persona fallecida. Una vez más, la vida posmuerte está ligada a la tierra, y en este caso es física.

Abundan también muchos otros puntos de vista, y las pruebas que generalmente se aducen son tan endebles y subjetivas como las teorías que pretenden apoyar.

Pues bien, ¿qué diríamos del otro lado de la muerte según el punto de vista cristiano? ¿Sale mejor parada? Sí. Es más, son tantas las evidencias que casi desconciertan. Virtualmente todas giran en torno a un hecho de la historia bíblica: Jesús resucitando corporalmente vivo e inmortal de la muerte. Así que es tan importante este hecho que el apóstol Pablo indicó: «[...] y si Cristo no resucitó, vuestra fe es vana; aún estáis en vuestros pecados. Entonces también los que durmieron en Cristo perecieron. Si en esta vida solamente esperamos en Cristo, somos los más dignos de conmiseración de todos los hombres» (1 Co 15.17-19).

Este milagro increíble, confirmado por la historia, se registra en el Evangelio de Juan, así como también en los otros tres Evangelios. En nuestro último capítulo de este estudio, consideraremos los acontecimientos finales que conducen a este milagro, y también aprenderemos cómo Jesús lo confirmó a sus discípulos. Predijo que pondría su vida para volverla a tomar (Jn 2.19; 10.17,18). Juan registra su cumplimiento, la séptima y más grande señal.

INFORMACIÓN ADICIONAL

Mientras se ocupa de lo que sigue, quizás desee comparar el relato de Juan con lo que escriben los otros evangelistas (Mt 26.36—28.20; Mc 14.32—16.20; Lc 22.39—24.53). Ninguno ofrece una narración completa, de manera que la comparación enriquecerá su comprensión de la traición, los juicios, la muerte, sepultura, resurrección, apariciones posteriores y la ascensión de Jesús.

TRAICIONADO

Juan 18 señala cómo Judas Iscariote llevó a cabo lo que las Escrituras habían dicho que haría (vv. 1-12). Narre este hecho con sus palabras.

¿Por qué cree que las autoridades que arrestaron a Jesús «retrocedieron, y cayeron a tierra» cuando dijo «Yo soy»? (v. 6; cf. 8.58,59)

RIQUEZA LITERARIA

Torrente de Cedrón (18.1): Este torrente, «frecuentemente seco en verano, se desborda en invierno, corre por el este de Jerusalén, y atraviesa el Jardín del Getsemaní y el Monte de los Olivos. Alguien que salga de Jerusalén tiene que cruzar el Cedrón para llegar al Getsemaní».[1] Véase también 2 Samuel 15.23,30,31.

La copa (18.11): El Antiguo Testamento asocia la copa de Dios con sufrimiento y juicio (Sal 75.8; Is 51.17; Jer 25.15; Ez 23.31-34). Esta imagen puede también indicar que Jesús cargaba el pecado de los seres humanos y la separación del Padre (Mt 27.46; 2 Co 5.21).

FE VIVA

Jesús estaba tan comprometido a llevar a cabo la voluntad del Padre que cuando Pedro intentó defenderlo, lo detuvo y le recordó cuál era su misión.

¿Cuál es su compromiso de cumplir la voluntad de Dios? Háblele sobre este asunto.

EL PRIMER INTERROGATORIO

El pasaje dice que antes que llevaran a Jesús a Caifás, lo presentaron ante Anás, suegro de Caifás (Jn 18.13). A pesar de que Caifás era el sumo sacerdote oficialmente designado y reconocido por las autoridades romanas del momento, Anás había sido sumo sacerdote antes que él. Los judíos consideraban esa función como un cargo vitalicio, por eso Anás seguía siendo la autoridad principal.

¿Qué ocurrió cuando Jesús apareció ante Anás? (vv. 19-24)

FE VIVA

Jesús fue humillado y tratado injustamente por los que debían saber quién era Él y reconocerlo como el Mesías. Si usted ha sido tratado de manera injusta alguna vez, sepa que Jesús entiende exactamente lo que experimentó y cómo se sintió. ¿Están maltratándolo ahora? Vaya a Él y dígaselo. No le oculte nada. Él comprende, y espera consolarlo.

Note, también, la defensa de Jesús. Él podía apelar acerca de su irreprochable ministerio. ¿Cómo es el suyo? Si lo acusan de mala conducta, ¿podría defenderse de la misma manera y la tolerarían?

NEGADO

Durante el interrogatorio de Anás a Jesús, uno de sus discípulos más cercanos negó haberlo conocido jamás. ¿Quién fue? (v. 15)

¿Cuál otro discípulo estaba con Jesús en esos momentos, y dónde estaban? (v. 15; cf. 13.23; 19.25-27)

¿Ante quién hizo este discípulo su primera negación? (vv. 16,17)

¿La segunda? (vv. 18-25)

¿La tercera? (vv. 26,27)

¿Qué relación hay entre esas negaciones y el canto del gallo después de la última? (v. 27; cf. 13.37,38)

FE VIVA

Produce una sensación horrible que un amigo cercano nos abandone, especialmente cuando más lo necesitamos. Jesús conoce muy bien esa sensación. Déjele usar esa comprensión cuando sus amigos le fallen.

EN UN PALACIO PAGANO

Los líderes religiosos finalmente echaron manos a Jesús y no estaban dispuestos a soltarlo. Después de llevarlo ante Caifás, donde lo acusaron formalmente de blasfemia y lo condenaron a muerte (18.28; cf. Mt 26.57-68), lo condujeron al pretorio a fin de presentar el caso ante Pilato.

ENTRE BASTIDORES

Cuando Judea se convirtió en provincia imperial romana en el año 6 d.C., Poncio Pilato fue nombrado por el emperador como prefecto, o gobernador, de la provincia. Cumplió esa función hasta el año 36 d.C. Aunque su residencia permanente estaba en Cesarea (Hch 23.23,24), Pilato permanecía en Jerusalén durante las fiestas judías para estar fácilmente disponible en caso de presentarse conflictos y mantener el orden.

Los historiadores antiguos describen a Pilato como un personaje ambicioso e inflexible, un líder cruel, odiado por los judíos. En el caso de Jesús, sin embargo, las autoridades judías se mostraron dispuestas a echar a un lado ese odio a fin de dar curso al odio aún mayor que sentían hacia Jesús. Como verá, no podían llevar adelante la sentencia de muerte bajo la ley romana, pero Pilato sí podía hacerlo. De modo que apelaron a él para ejecutar su venganza.[2]

Cuando llevaron a Jesús al pretorio (residencia oficial del gobernador romano), no quisieron entrar «para no contaminarse, y así poder comer la pascua» (Jn 18.28). La tradición judía declaraba que las viviendas de los gentiles eran inmundas, por eso los ceremonialmente contaminados no podían participar de la Pascua. Este versículo plantea un problema cronológico. Los demás Evangelios registran que Jesús comió la Pascua con sus discípulos el jueves por la noche y lo crucificaron al día siguiente, el viernes. No obstante, el Evangelio de Juan dice que los judíos no habían comido la Pascua todavía, a pesar de que antes ha relatado que Jesús había comido el cordero pascual con sus discípulos. ¿Qué está pasando?

Se han propuesto varias soluciones, pero la que mejor concuerda con todos los datos es la que ofrece el estudioso del Nuevo Testamento, Harold Hoehner.[3] Este investigador da pruebas que sugieren que los judíos celebraban dos pascuas en la época de Jesús, porque había dos maneras de computar el día. Una de ellas determinaba que un día era de un amanecer al otro, y esta fue la manera en que lo consideraron Jesús y los escritores de los Evangelios, excepto Juan, y quizás esta fuera la tradición que se seguía en Galilea. La otra manera era computar un día desde una puesta de sol hasta la otra, que parece haber sido el método oficial judío, seguido por Juan y los habitantes de Judea. Por lo tanto, si esta hipótesis es correcta, Jesús y sus discípulos observaron la Pascua el jueves con los galileos, en tanto los judíos de Judea, incluyendo las autoridades religiosas de Jerusalén, sacrificaron sus corderos pascuales el viernes por la tarde.

FE VIVA

A menudo nos maravillamos de que estando la Verdad misma ante Pilato, este preguntó qué era la verdad. Pero, ¿cuántas veces hace lo mismo la gente de nuestros días, incluso nosotros que declaramos conocer a Jesucristo? Podemos saber lo que es verdadero y recto y continuar fallando en reconocerla y seguirla.

¿Cuál es su relación con el que es la Verdad? ¿Cree realmente en lo que Él dice? ¿Se esfuerza por seguirlo a dondequiera que lo conduzca? Muchos no lo hacemos, aunque sabemos que lo deberíamos, por lo tanto, no se avergüence de acudir a Él y confesarle su confusión, temor o cualquier otra cosa que le impida obedecerle plenamente.

Deje que Él le ministre en medio de su lucha. Él quiere darle descanso.

EL JUEZ ES JUZGADO

En un intento por tranquilizar a los líderes religiosos sin ceder a su petición de sentencia a muerte, Pilato ordenó que Jesús fuera «azotado» (19.1; cf. Lc 23.16).

RIQUEZA LITERARIA

Azotó (19.1): «Las víctimas de azotes eran desnudadas y amarradas a un poste. Luego eran golpeadas sin misericordia con un látigo fabricado con tiras de cuero trenzadas, cada una con pequeños pedazos de metal o hueso adheridos y con fragmentos de plomo atados a la punta. La flagelación arrancaba fragmentos de carne a las víctimas, muchas de las cuales no sobrevivían al tormento».[4]

Después que los soldados romanos azotaron y escarnecieron a Jesús, lo sacaron y presentaron de nuevo ante las autoridades judías. Pilato tenía la esperanza que el castigo sería suficiente para aplacarlos, ya que hasta él mismo creía que Jesús era inocente y que no había hecho ningún mal (vv. 2-5). ¿Qué sucedió cuando los líderes judíos vieron a Jesús? (vv. 6,7)

¿Qué ocurrió entre Pilato y Jesús después de eso? (vv. 8-11)

Una vez más Pilato intentó liberar a Jesús, pero, ¿cuál fue la reacción de sus enemigos? (vv. 12-16)

RIQUEZA LITERARIA

El que a ti me ha entregado, mayor pecado tiene (19.11): Es más probable que esta afirmación se refiere a Caifás y no a Judas Iscariote. Caifás era el jefe de la institución religiosa y tenía mayor responsabilidad en cuanto a conocer y aplicar las Escrituras hebreas con sabiduría e integridad, por eso su pecado era más grave comparado con el de Pilato, que no tenía ninguna de esas ventajas y privilegios.

No eres amigo de César (19.12): Había un club, una fraternidad selecta, llamada *Amici Caesaris*, los Amigos de César. Sólo los altos funcionarios del imperio y algunos miembros del senado romano tenían el privilegio de pertenecer a este club, y nadie dejaba de pertenecer al mismo salvo por estar sumido en mortal desgracia. Al lanzarle esta acusación, los líderes religiosos amenazaban a Pilato con apelar al emperador, y hacerle saber que uno de sus confidentes más íntimos toleraba la traición por cuanto liberaba al Hombre que se había erigido subversivamente como un rey opuesto a Roma.[5]

El Enlosado (19.13): «también llamado Gabata («un sitio elevado»), era una plataforma levantada donde se sentaba Pilato para actuar como juez. Los arqueólogos la han identificado con la construcción romana que forma el patio de la Torre de Antonia».[6]

FE VIVA

A la larga nuestra decisión de seguir a Cristo se reduce a decidir a quién vamos a servir: A nosotros y nuestras preocupaciones y agendas, o al Señor y lo que Él quiere y exige. ¿Enfrenta alguna decisión en la que tiene que hacer esta decisión? Pilato hizo la suya... autoprotegerse. ¿Cuál será su opción?

MISIÓN CUMPLIDA

El relato de la crucifixión de Jesús no es nada atractivo, pero es el registro de lo que tenía que ocurrir para que Jesús pudiera cumplir la misión para el Padre y para nosotros. Por eso, léalo con reverencia, procurando ubicarse en el escenario de los hechos. Trate de ver y percibir el entorno, escuchar y sentir la ira, el dolor y la confusión. No deje que se le escape ningún detalle. Recuerde que Jesús hizo esto por amor, el más puro y precioso amor que jamás haya existido. Procure entenderlo de ese modo, y deje que el Espíritu Santo haga lo demás.

RIQUEZA LITERARIA

Crucificaron (19.18): La crucifixión era una manera cruel y vergonzosa de morir, una ejecución pública que en la mayoría de los casos se reservaba para los esclavos y revolucionarios que no eran romanos. Los brazos y piernas de la víctima se sujetaban con sogas o grandes clavos a una rústica cruz de madera que se plantaba verticalmente en el suelo de modo que todos pudieran verla. La cruz podía ser un simple poste o estaca, la tradicional en forma de *t*, dos postes cruzados en forma de *X*, o un poste con un travesaño superior que formaban una *T*. No había nada que sostuviera el cuerpo, salvo en ocasiones, un pequeño apoyo para los pies o un asiento, la víctima moría lentamente, presa de espasmos musculares y asfixia. La muerte podía sobrevenir en horas o llevar varios días.

Vinagre (19.29): La bebida corriente de los trabajadores comunes y soldados. Calmaba la sed mejor que el agua, y costaba menos que el vino común. Ofrecerle esta bebida a Jesús no era un gesto de crueldad, sino de misericordia.[7]

Hisopo (19.29): «es un miembro de la familia de la menta».[8] cuyas hojas se utilizaban en ceremonias de purificación (Éx 12.22; Lv 14.4; Nm 19.6,18).

CONFIRMACIÓN Y SEPULTURA

Después que Jesús entregó su espíritu (Jn 19.30), se verificó su muerte. ¿Cómo y quién hizo esta verificación? (vv. 31-37)

FE VIVA

Aquí, como en múltiples ocasiones a través de este relato, hemos leído que los hechos ocurrieron tal y como anunciaron las profecías acerca de Jesús, o como se había dicho en las Escrituras (vv. 36,37; cf. 18.31,32; 19.24,28). Estas afirman que podemos confiar en todo lo que Dios diga. Él nunca se equivoca; su Palabra nunca falla. No podría ser de otra manera, porque como Él es la Verdad y el Dios omnisciente, no puede mentir ni equivocarse sobre ningún asunto. Es absolutamente imposible (Tit 1.2; Heb 6.17,18). ¿Le es difícil creer algo que Dios dice? Si comprende sus palabras correctamente, no debe preocuparse si son o no verdad, o si Dios garantizará su cumplimiento. ¡Lo hará, sin lugar a dudas! Sólo confíe en Él y marche con fe. Dios no lo defraudará.

Después de la crucifixión, los romanos generalmente dejaban a las víctimas colgadas en la cruz, expuestas a las aves de rapiña, como su final humillación. Pero hubo quienes prepararon la sepultura de Jesús, a fin de que no sufriera ese destino. Estudie el relato de su sepultura (Jn 19.38-42; cf. Lc 23.50-56) y anote sus observaciones.

¡ÉL VIVE!

A Jesús lo crucificaron y sepultaron un viernes. Todo hacía suponer que el movimiento que había iniciado, moriría con Él. Los líderes religiosos triunfaron. Satanás lo derrotó.

Pero todavía no se había dicho la última palabra. El domingo temprano por la mañana, María Magdalena, una de las mujeres que presenció la muerte de Jesús, y que tal vez ayudó a sepultarlo (Mc 15.47), llegó hasta la tumba, esperando, indudablemente, completar lo que fue un funeral apresurado (Mc 16.1). ¿Qué ocurrió cuando llegó allí? ¿Qué descubrió, y cómo confirmó su descubrimiento? (Jn 20.1—21.23)

RIQUEZA LITERARIA

El primer día de la semana (20.1): En este caso era domingo, pero no cualquier domingo. El primer domingo después de la Pascua era el día en que los judíos celebraban la Fiesta de las Primicias. «Primicias: los primeros frutos que maduran en una cosecha; anuncian la inminente siega. De acuerdo con Levítico 23.4-14, los primeros frutos de la Pascua se usaban para consagrar la próxima cosecha. Jesús murió en la Pascua, y su resurrección es una promesa de nuestra propia resurrección».[9]

A partir del relato de la resurrección y las apariciones posteriores de Jesús, ¿qué indicios habían de que los seguidores de Cristo no esperaban volver a verlo vivo?

¿Cómo les demostró Jesús que realmente había resucitado de los muertos con el mismo cuerpo con el que había muerto y sido sepultado?

¿Cuál fue el mensaje de Jesús a María Magdalena? (20.15-17)

¿Qué les dijo Jesús a los discípulos la primera vez que se les apareció? (vv. 19-23)

¿Y durante su segunda visita? (vv. 24-29)

Uno de los ejemplos más extraordinarios de perdón y restauración en el ministerio de Jesús se encuentra en Juan 21.15-19. Describa con sus propias palabras lo que ocurrió.

RIQUEZA LITERARIA

Amas... amas (21.15,16,17): Las dos primeras veces que Jesús usa la palabra *amor* es *ágape,* que denota una devoción total e incondicional. La tercera vez que usa *amor* es la misma que usó Pedro, *fileo,* que implica la idea de afecto, estima, disfrute. Después de negar a Jesús en tres oportunidades, Pedro no estaba en condiciones de aceptar el compromiso del amor *ágape,* de manera que ofreció todo lo que podía dar. Al parecer, Jesús se adaptó a esa cuando usó en su tercera pregunta, la misma palabra *amor* que escogió Pedro.

MANTENGA SU ENFOQUE

Cuando Jesús le aclaró a Pedro que su servicio lo llevaría a la muerte (vv. 18,19), este le preguntó cuánto le costaría a Juan su servicio (vv. 20,21). ¿Qué le dijo Jesús a Pedro? (vv. 22,23)

FE VIVA

Cuando servimos a Cristo, es muy fácil distraernos y quedar atrapados en lo que hacen otras personas y cómo se ocupa Dios de ellas en contraste con la forma en que se ocupa de nosotros. Pero las palabras de Jesús a Pedro deberían decirnos aún más a nosotros que a él. Deberíamos

centrarnos en el llamado que Dios nos hace, no en lo que
les pide a otros. ¿Cuál es *su* enfoque?

TODO ESTO ES CIERTO

¿Cómo resumiría las palabras finales de Juan? (vv. 24,25)

FE VIVA

No importa qué más se diga sobre el relato del Evangelio,
lo fundamental es que la historia es cierta. Jesús entró en la
historia humana, sirvió en carne y hueso a personas reales,
sufrió, murió, fue sepultado y se levantó de la tumba, ven-
ciendo a la muerte para siempre. Todo esto ocurrió. Tenemos
testigos oculares que afirman la veracidad de estos hechos y
de muchos otros que nunca se han registrado. Jesús no es
una fantasía, un mero anhelo ilusorio, una leyenda fraguada
por personas que querían desesperadamente creer en alguien
que pudiera garantizarles su inmortalidad. Tenemos las mejores pruebas del mundo de que todo esto es cierto. Nuestra
fe está fundada en hechos. No necesitamos dar un salto al
abismo de la incredulidad.

Al proporcionarnos documentos históricos tan sólidos que
los arqueólogos y los estudiosos de la Biblia han verificado
vez tras vez, Dios nos dice que no hay problemas en que
verifiquemos las cosas. Por el contrario, le gusta que lo ha-
gamos. Él no tiene nada que ocultar y en cambio mucho que
dar.

Pero todos los hechos del mundo no pueden salvar a
nadie, a menos que entregue su fe a Aquel de quien da testimonio la historia. Si aún no lo ha hecho, venga y ponga su
confianza en Él, ya sea para recibir vida eterna o para andar
más cerca de Él; es igual. Él recibe a todos los que se le
acercan exclamando con fe, como lo hizo Tomás: «¡Señor
mío, y Dios mío!»

Y como tal vez ya usted lo ha recibido como su Salvador
y Señor, ¡prosiga adelante, alabándole por poder vivir para su
gloria, más allá de lo cotidiano!

UNA VIDA MÁS ALLÁ
DE LO ORDINARIO
ESTUDIO DE JUAN

LECCIÓN 1: El discípulo amado y su Evangelio

1. Ireneo, *Against Heresies* [Contra las herejías], 3.1.1, tal como lo cita F.F. Bruce, *The Gospel of John* [El Evangelio de Juan], William B. Eerdmans Publishing Company, Grand Rapids, MI, 1983, p. 11.

2. Véase John A.T. Robinson, *Redating the New Testament* [Redactando el Nuevo Testamento], Westminster Press, Filadelfia, PA, 1976, cap. 9; Merrill C. Tenney, «The Gospel of John» [El Evangelio de Juan], en *The Expositor's Bible Commentary* [Comentario Bíblico del expositor], ed. gen. Frank E. Gaebelein, Zondervan Publishing House, Grand Rapids, MI, 1981, 9:9,10.

LECCIÓN 2: El Dios-Hombre

1. Merrill C. Tenney, «The Gospel of John» [El Evangelio de Juan], en *The Expositor's Bible Commentary* [Comentario bíblico del expositor], ed. gen. Frank E. Gaevelein, Zondervan Publishing House, Gran Rapids, MI, 1981, 9.28; Fritz Reinecker, *Linguistic Key to the Greek New Testament* [Clave lingüística del griego del Nuevo Testamento], ed. Cleon I. Rogers, Jr., Zonder Publishing House, Grand Rapids, MI, 1980, p. 217; Gordon H Clark, «The Axiom of Revelation» [El axioma de la revelación], en *The Philosophy of Gordon H. Clark*, ed. Ronald H. Nash, The Presbyterian and Reformed Publishing Company, Filadelfia, PA, 1968, p. 67.

2. F.F. Bruce, *The Gospel of John* [El Evangelio de Juan], William B. Eerdmans Publishing Company, Grand Rapids, MI, 1983, p. 32.

3. «Riqueza Literaria: 8.32 conoceréis», *Biblia Plenitud*, Editorial Caribe, Miami, Fl, 1994, p. 1356.

4. *Ibid.*, en nota a 5.2, p. 1349.

5. Bruce, *The Gospel of John* [El Evangelio de Juan], p. 42.

LECCIÓN 3: ¿Quién es usted?

1. Para mayor información sobre los fariseos así como también sobre los demás grupos religiosos en la Palestina del primer siglo, véase F.F. Bruce, *New Testament History* [Historia del Nuevo Testamento], Doubleday & Company, Garden City, NY, 1969; y J. Robert Teringo, *The Land and People Jesus Knew* [La tierra y la gente que Jesús conoció], Bethany House Publishers, Minneapolis, MN, 1985.

2. Sacado de *John*, Moody Bible Commentary, por J. Carl Laney; ed. gen. Paul Enns. Copyright 1992, Moody Bible Institute of Chicago Moody Press. Usado con permiso.

3. Leon Morris, *Reflections on the Gospel of John* [Reflexiones acerca del Evangelio de Juan], vol. 1, Baker Book House, Grand Rapids, MI, 1986, pp. 29,30.

4. Edwin A. Blum, «John», en *The Bible Knowledge Commentary: New Testament Edition* [Comentario Bíblico Conocimiento: Edición del Nuevo Testamento], eds. gen. John F. Walvoord y Roy B. Zuck, Victor Books, Wheaton, IL, 1983, p. 275.

5. F.F. Bruce, *The Gospel of John* [El Evangelio de Juan], William B. Eerdmans Publishing Company, Grand Rapids, MI, 1983, p. 672.

LECCIÓN 4: La vida eterna a un paso del Mesías

1. J. Carl Laney, *John*, Moody Gospel Commentary, ed. gen. Paul Enns, Moody Press, Chicago, IL, 1992, p. 62.

2. Paul L. Maier, *In the Fullness of Time: A Historian Looks at Christmas, Easter, and the Early Church* [En la plenitud del tiempo: Análisis histórico de la Navidad, Semana Santa y la iglesia primitiva], HarperCollins, San Francisco, CA, 1991, p. 81.

3. Laney, *John* [Juan], p. 70.

4. *Ibid.*, pp. 75,76.

5. Edwin A. Blum, «John» [Juan], en *The Bible Knowledge Commentary: New Testament Edition* [Comentario Bíblico Conocimiento: Edición del Nuevo Testamento], eds. gen. John F. Walvoord y Roy B. Zuck, Victor Books, Wheaton, IL, 1983, p. 281.

6. Sacado de *The Gospel of John* [El Evangelio de Juan], por F.F. Bruce, William B. Eerdmans Publishing Company, Grand Rapids, MI, 1983, p. 86. Usado con permiso.

7. Laney, *John* [Juan], p. 82.

LECCIÓN 6: Como el Padre, así es el Hijo

1. F.F. Bruce, *The Gospel of John* [El Evangelio de Juan], William B. Eerdmans Publishing Company, Grand Rapids, MI, 1983, p. 122.

2. *Biblia Plenitud*, Editorial Caribe, Miami, FL, 1994.

3. Bruce, *The Gospel of John* [El Evangelio de Juan], p. 122.

4. *Ibid.*, p. 124.

LECCIÓN 7: Grandes señales, palabras duras

1. F.F Bruce, *The Gospel of John* [El Evangelio de Juan], William B. Eerdmans Publishing Company, Grand Rapids, MI, 1983, p. 142.

2. J. Carl Laney, *John*, Moody Gospel Commentary, ed. gen. Paul Enns, Moody Press, Chicago, IL, 1992, pp. 121,122.

LECCIÓN 8: A la defensiva

1. J. Carl Laney, *John* [Juan], Moody Gospel Commentary, ed. gen. Paul Enns, Moody Press, Chicago, IL, 1992, p. 141.

2. *Ibid.*, p. 143; Edwin A. Blum, «John» [Juan], en *The Biblia Knowledge Commentary: New Testament Edition* [Comentario Bíblico Conocimiento: Edición del Nuevo Testamento], eds. gen. John F. Walvoord y Roy B. Zuck, Victor Books, Wheaton, IL, 1983, p. 300.

3. *Biblia Plenitud*, Editorial Caribe, Miami, FL, 1994, en nota a 7.35, p. 1354.

4. *Ibid.*, en nota a 7.37-39.

LECCIÓN 9: Cuando los ciegos ven y los que ven están ciegos

1. J. Carl Laney, *John* [Juan], Moody Gospel Commentary [Comentario Bíblico de los Evangelios], ed. gen. Paul Enns, Moody Press, Chicago, IL, 1992, p. 172; Merrill C. Tenney, «The Gospel of John» en *The Expositor's Bible Commentary* [Comentario Bíblico del Expositor], ed. gen. Frank E. Gaebelein, Zondervan Publishing House, Grand Rapids, MI, 1981, 9:101.

2. *Biblia Plenitud*, Editorial Caribe, Miami, FL, 1994, en nota a 9.35-41, p. 1358.

3. *Ibid.*, en nota a 10.22, p. 1360.

LECCIÓN 10: Dar vida y predecir la muerte

1. William L. Craig, *Knowing the Truth About the Resurrection* [Conocer la verdad acerca de la resurrección], ed. rev., Servant Books, Ann Arbor, MI, 1988, pp. 117-119.

2. *Biblia Plenitud*, Editorial Caribe, Miami, FL, 1994, en nota a 12.3, p. 1363.

3. Edwin A. Blum, «John» [Juan], en *The Bible Knowledge Commentary: New Testament Edition* [Comentario Bíblico Conocimiento: Edición del Nuevo Testamento], eds. gen. John F. Walvoord y Roy B. Zuck, Victor Books, Wheaton, IL, 1983, p. 317.

LECCIÓN 12: El ayudador divino

1. J. Carl Laney, *John* [Juan], Moody Gospel Commentary, ed. gen. Paul Enns, Moody Press, Chicago IL, 1992, p. 261.

2. *Ibid.*; Fritz Reinecker, *Linguistic Key to the Greek New Testament* [Clave lingüística del griego del Nuevo Testamento], ed. Cleon L. Rogers, Jr., Zondervan Publishing House, Grand Rapids, MI, 1980, p. 251; F.F. Bruce, *The Gospel of John* [El Evangelio de Juan], William B. Eerdmans Publishing Company, Grand Rapids, MI, 1983, p. 301.

LECCIÓN 14: De la tumba a la gloria

1. *Biblia Plenitud*, Editorial Caribe, Miami, FL, 1994, en nota a 18.1, p. 1373.

2. J. Carl Laney, *John* [Juan], Moody Gospel Commentary, ed. gen. Paul Enns, Moody Press, Chicago IL, 1992, pp. 326,327.

3. Harold Hoehner, *Chronological Aspects of the Life of Christ* [Aspectos cronológicos de la vida de Cristo], Zondervan Publishing House, Grand Rapids, MI, 1977, cap. 4.

4. *Biblia Plenitud*, en nota a 27.26, p. 1238.

5. Paul L. Maier, *In the Fulness of Time: A Historian Looks at Christmas, Easter, and the Early Church* [En la plenitud del tiempo: Análisis histórico de la Navidad, Semana Santa y la iglesia primitiva], HarperCollins, San Francisco, CA, 1991, p. 161.

6. *Biblia Plenitud*, Editorial Caribe, Miami, FL, 1994, en nota a 19.13, p. 1375.

7. Laney, *John* [Juan], Moody Gospel Commentary, p. 349.

8. *Biblia Plenitud*, en nota a 12.22, p. 88.

9. *Ibid.*, en nota a 15.20, p. 1501.

www.ingramcontent.com/pod-product-compliance
Lightning Source LLC
Chambersburg PA
CBHW011759040426
42447CB00015B/3444